예수를
만나다

MEETING JESUS

ⓒ 2019 by The R. C. Sproul Trust
Originally published in English under the title
Meeting Jesus by R. C. Sproul
by THE BANNER OF TRUTH TRUST, 3 Murrayfield Road,
Edinburgh EH12 6EL, UK
P.O. Box 621, Carlistle, PA 17103, USA
All rights reserved.
Translated and used by permission of the The Banner of Truth Trust
through arrangement of rMaeng2, Seoul, Republic of Korea,
This Korean Edition Copyright ⓒ 2021 by Word of Life Press, Seoul,
Republic of Korea

이 한국어판의 저작권은 알맹2를 통하여
The Banner of Truth Trust사와 독점 계약한 생명의말씀사에 있습니다.
신저작권법에 의하여 한국 내에서 보호받는 저작물이므로
무단 전재와 무단 복제를 금합니다.

예수를 만나다
ⓒ **생명의말씀사** 2021

2021년 4월 30일 1판 1쇄 발행
2024년 8월 27일   2쇄 발행

펴낸이 | 김창영
펴낸곳 | 생명의말씀사

등록 | 1962. 1. 10. No.300-1962-1
주소 | 서울시 종로구 경희궁1길 6 (03176)
전화 | 02)738-6555(본사) · 02)3159-7979(영업)
팩스 | 02)739-3824(본사) · 080-022-8585(영업)

기획편집 | 임선회
디자인 | 윤보람
인쇄 | 주손디앤피
제본 | 주손디앤피

ISBN 978-89-04-03176-4 (03230)

저작권자의 허락 없이 이 책의 일부 또는 전체를
무단 복제, 전재, 발췌하면 저작권법에 의해 처벌을 받습니다.

예수를 만나다

R. C. 스프로울 지음
황영광 옮김

생명의말씀사

차례

1. 생명의 떡 — 6
하늘에서 온 만나 | 예수님의 천국 | 아버지께서 내게 주시는 자 | 하나님의 이끄심

2. 세상의 빛 — 20
안에서부터 비치는 빛 | 빛은 실재를 드러낸다 | 빛의 영광 | 전에는 눈이 멀었으나 지금은 보나이다

3. 양의 문 — 36
양의 보호 | 하나님 나라를 향한 문 | 유일한 길, 예수

4. 선한 목자 — 50
하나님의 지팡이와 막대기 | 자기 목숨을 내어놓는 선한 목자 | 한 무리, 한 목자

5. 부활과 생명 — 66

부활의 개념적 실재 | 부활의 소망 | 영원한 생명

6. 길과 진리, 그리고 생명 — 84

길을 알다 | 참진리이신 분

7. 참포도나무 — 98

부패한 포도나무 | 참포도나무 | 열매 맺는 가지

8. 아브라함 전에 내가 있었느니라 — 112

죄의 종 | 진노의 자녀

1.
생명의 떡

예수는 누구인가?

거의 모든 사람이 예수가 누구인지에 대한 의견을 가지고 있다. 그 견해들은 피상적일 수도 있고 무지하거나 노골적으로 이단적일 수도 있다.

가이사랴 빌립보에서 예수님은 제자들에게 다음과 같이 물으셨다. "사람들이 인자를 누구라 하느냐?"(마16:13)

제자들은 당시 지역에서 떠돌던 소문을 전했다. 그러자 예수님은 제자들을 향해 다시 물어보셨다. "너희는 나를 누구라 하느냐?"

바로 여기서 시몬 베드로가 신앙을 고백한다. "주는 그리스도시요 살아 계신 하나님의 아들이시니이다"(마16:16). 그 말에 예수님은 이렇게 답하셨다. "바요나 시몬아 네가 복이 있도다. 이를 네게 알게 한 이는 혈육이 아니요 하늘에 계신 내 아버지시니라"(마16:17).

예수 그리스도의 교회는 고백하는 교회다. 우리가 교회를 이렇게 표현할 때는 단지 죄를 고백하는 교회라는 의미가 아니다. 우리의 신앙고백에 관한 이야기다. 그리스도께서 진심으로 자신을 믿으며 입으로 시인하는 자를 구원하시겠다는 약속에 관한 이야기다(롬 10:9).

교회는 예수 그리스도를 고백하는 신앙 위에 세워졌다. 따라서 예수에 관한 진리(단지 견해가 아니다)는 중차대하다. 영원히 말이다. 예수에 관한 이 진리는 특히 그분의 '에고 에이미'(εγω ειμι) 강화를 통해 잘 전달되었다('에고 에이미'는 헬라어로 "나는 ㅇㅇ이다."의 의미다. 영어에서는 "I am"으로 be 동사를 활용하여 쓸 수 있으나 한국어로 표현하기가 어려워 주로 "에고 에이미"라고 표현하며 예수께서 이 표현을 사용하신 부분을 "에고 에이미 강화"라고 일컫는다. 본 책에서는 이런 일반적인 표현을 따랐다-역주). 지금부터 우리는 요한복음에 나타난 예수님의 8가지 '에고 에이미' 강화를 통해 그리스도에 대한 참되고 바른 진리를 살펴볼 것이다.

하늘에서 온 만나

예수님의 첫 '에고 에이미'는 "나는 생명의 떡이니"이다. 요한복음 6장 30절은 이렇게 기록한다. "그들이 묻되 그러면 우리가 보고 당신을 믿도록 행하시는 표적이 무엇이니이까, 하시는 일이 무엇이니이까?"

사람들이 예수님께 자신이 누구인지를 증명할 수 있는 표적을 요구하는 것이었다. 그들은 하나님께서 광야에 있던 이스라엘 백성들에게 초자연적으로 음식을 공급하심으로써 자신의 임재를 나타내셨던 것을 기억하고 있었다.

이에 예수님은 다음과 같이 답하셨다. "내가 진실로 진실로 너희에게 이르노니 모세가 너희에게 하늘로부터 떡을 준 것이 아니라 내 아버지께서 너희에게 하늘로부터 참떡을 주시나니 하나님의 떡은 하늘에서 내려 세상에 생명을 주는 것이니라"(32-33절). 이 말을 들은 사람들은 이렇게 답했다. "주여 이 떡을 항상 우리에게 주소서." 그러자 예수님이 대답하신다. "나는 생명의 떡이니 내게 오는 자는 결코 주리지 아니할 터이요 나를 믿는 자는 영원히 목마르지 아니하리라." 이것이 첫 '에고 에이미' 강화다.

이 첫 번째 '에고 에이미' 강화뿐 아니라 모든 '에고 에이미' 강화의 특별한 점은 예수님이 사용하신 문장 구조다.

일반적인 그리스어 용법으로 "내가 ○○이다."라고 말할 때 사람들은 be 동사인 **'에이미'**의 1인칭 단수 형태를 사용했다.

그런데 예수님은 "생명의 떡 **에이미**(이다)."라고 말한 것이 아니라 그리스어 인칭대명사인 **'에고'**를 붙여 "**에고** 생명의 떡 **에이미**."라고 말씀하신 점이 특이하다.

이런 표현은 그리스어 화자들에게 불필요한 중복이거나 말을 더듬는 것이었다. 예수님의 표현대로라면 "나, 나는 생명의 떡이다."라고 말씀하신 셈이 되기 때문이다.

이런 문장이 굉장히 드문 만큼 이 표현은 매우 중요하다. 이런 문장 구조가 발견되는 중요한 곳 하나는 구약의 그리스어 역본인 70인경이다.

이 역본에서 하나님은 불타는 떨기나무 가운데에서 모세에게 자신을 드러내시면서 "나는 스스로 있는 자이니라"(출 3:14)라고 말씀하셨다. 하나님께서 자신을 드러내기 위해 사용하신 표현법이 다름 아닌 **'에고 에이미'**였다.

그렇다면 예수님께서 자신을 '에고 에이미' 용법으로 설명하신 것은 희미하게나마 거룩하신 하나님의 이름을 가리키신 것이라고 볼 수 있다.

예수님은 당대 사람들에게 구약의 만나를 언급하며 말씀하셨다. 광야에서 만나를 공급한 것은 모세가 아니었다. 모세의 역할은 단지 하나님의 언약 백성인 이스라엘의 중보자였을 뿐이다. 모세는 단지 만나가 내릴 것이라고 말했을 뿐 그것을 공급하는 자가 아니었다. 만나를 주신 분은 하나님이셨다. 만나는 하늘로부터 내렸다.

따라서 예수님이 자신을 구약에서 하나님이 공급하셨던 것과 동일하게 말씀하셨다는 사실은 매우 중요하다. 예수께서 이 진리를 선포하셨을 때 전달하고자 하셨던 것은 다름 아닌 예수님 자신의 기원이었다. 예수님이 자신을 어떻게 인지하고 계셨는지를 이해할 수 있는 매우 중요한 지점이다.

예수님은 "나는 베들레헴 출신이오."라거나 "나사렛에서 왔소."라고 하지 않으셨다. "나는 하늘로부터 왔다. 나는 하늘로부터 아버지께서 보내신 자다. 나는 참떡이다. 이 떡은 거기 참여하는 모든 이에게 생명을 줄 것이다."라고 말씀하셨다.

예수님의 천국

신약성경은 그리스도의 죽음과 부활 이후에 보여 주신 승귀(Exaltation)와 영광 가운데 들어가신 사건에 깊은 관심을 드러낸다.

그리스도의 승귀 핵심에는 그리스도의 승천이 있다. **승천**이라는 표현은 단지 어딘가 위로 올라갔다는 의미가 아니다. 신약성경이 예수님의 승천을 말할 때에는 단지 예수님께서 올라가신 **위치**를 가리키는 것이 아니다. 정말로 말하고자 하는 바는 그 특정한 곳으로 올라가신 특별한 **이유**다. 즉 여느 승천 중 하나가 아니라 하늘 보좌로 올라가신 승천이다.

동일한 모습으로 성경이 예수께서 아버지 우편에 앉으셨다고 말하는 것은 단지 예수님께서 아버지 가까이에 계시다는 것을 말하는 것이 아니다. 승천을 통해 신약성경이 가리키고자 하는 것은 예수님께서 아버지 우편으로 올라가사, 만군의 군이요 만주의 주로 대관하셨다는 사실이다.

그렇다고 단지 통치만 하시는 것도 아니다. 예수님은 하늘에서 우리의 참대제사장으로 섬기신다. 히브리서가 강조하듯이 예수님은 우리의 대제사장이시다. 죽은 자 가운데서 살아나셨기 때문에 그분의 제사장직은 영원하다.

존 칼빈은 그리스도의 영속되는 사역의 범위를 **삼중직**(munus triplex, 무누스 트리플렉스)이라고 불렀다. 예수님은 우리의 선지자이시고 제사장이시며 왕이시다. 이것이 예수께서 "인자 외에는 하늘에 올라간 자가 없느니라"고 말씀하실 수 있었던 이유다.

그러나 예수께서 어느 누구도 자신과 같이 부활할 수 없다고 말씀하신 것은 아니다. 그리스도인은 죽음의 때에 하늘로 올라갈 것이라는 약속을 받았다. 예수께서 말씀하고자 하신 것은 어느 누구도 자신과 같이 우주를 다스리는 권세의 위치로 올라갈 수 없다는 의미였다.

자신의 승천에 대해 예수님은 다음과 같이 말씀하셨다. "하늘에서 내려온 자 곧 인자 외에는 하늘에 올라간 자가 없느니라"(요 3:13). 예수님은 자신의 승천이 초림과 연결되어 있음을 아셨다. 즉 하늘로 올라가셨을 때 예수님은 자신이 원래 계셨던 곳으로 돌아가신 것이다.

이와 같이 예수님은 우리의 주의를 그분의 기원으로 이끄신다. 자신이 오신 곳은 천국이라고 말씀하시는 것이다. 그

1. 생명의 떡

러므로 모세가 아닌 아버지께서 만나를 주신 것과 같이 아들을 보낸 분도 아버지이시다.

아버지께서 내게 주시는 자

요한복음 6장은 구원을 위해 신자는 하나님의 은혜를 의지해야 한다는 논의의 주요 초점이 되어 왔다.

예수께서 이르시되 나는 생명의 떡이니 내게 오는 자는 결코 주리지 아니할 터이요 나를 믿는 자는 영원히 목마르지 아니하리라. 그러나 내가 너희에게 이르기를 너희는 나를 보고도 믿지 아니하는도다 하였느니라. 아버지께서 내게 주시는 자는 다 내게로 올 것이요 내게 오는 자는 내가 결코 내쫓지 아니하리라. 내가 하늘에서 내려온 것은 내 뜻을 행하려 함이 아니요 나를 보내신 이의 뜻을 행하려 함이니라. 나를 보내신 이의 뜻은 내게 주신 자 중에 내가 하나도 잃어버리지 아니하고 마지막 날에 다시 살리는 이것이니라. 내 아버지의 뜻은 아들을 보고 믿는 자마다 영생을 얻는 이것이니 마지막 날에 내가 이를 다시 살리리라 하시니라(요 6:35-40).

이 부분은 특히 예정 교리에 관한 내용이 차고 넘치는 부분이다. 얼마나 많은 주석가들이 요한복음 6장을 설명하면서 이 교리를 피하려고 애썼는지 모른다.

이 말씀의 핵심에서 우리는 예수님께서 무엇을 긍정하셨는지 볼 수 있다.

요한복음 17장의 대제사장적 기도에서 반복하신 것과 같이 신약성경에는 **"택하심을 입은 자"**라고 부를 수 있는 사람들이 있다는 것이다.

여기서 예수님은 아버지께서 예수님께 주신 사람이라면 모두 예수님께로 올 것이라 말씀하신다.

아버지께서 아들에게 주신 이들은 모두 아들에게 올 것이다. 그리고 아들에게 온 자는 단 한 사람도 내쳐지지 않을 것이다. 그들은 아버지께서 보내신 분으로부터 자신을 위한 자양분을 얻게 될 것이다. 그들은 생명의 떡을 먹고 힘을 얻을 것이다.

이 떡은 이 땅에 속한 존재를 유지시켜 줄 뿐 아니라 영원한 생명을 주는 것이다. 자신의 기원에 대해 말씀하신 것에서 그러했듯이 자신이 생명의 떡이라는 이 선언 역시 커다란 소요와 논의를 불러일으켰다.

예수님은 사람들에게 이렇게 말씀하신다. "너희는 서로 수군거리지 말라. 나를 보내신 아버지께서 이끌지 아니하시면 아무도 내게 올 수 없으니"(요 6:43-44).

요한복음 6장에서 예수님은 그분의 부름에 반응하는 인간의 선천적 능력에 대해 두 번 언급하신다. 주류 복음주의권에서는 주로 이런 전제를 가지고 있다. 즉 하나님께서는 모든 사람을 위한 잠재적 구원자로 예수님을 보내셨고, 모든 사람은 각각 예수께 오거나 오지 않을 수 있는 능력을 가지고 있다.

우리는 예수님께서 **"아니하시면"**이라고 하신 말씀에서 혼란을 느낀다. **"아니하시면"**이라는 단어는 우리가 필수 조건이라고 말하는 바를 강조하는 것이다. 예상되는 결과나 효력이 일어나기 위해 반드시 충족되어야 하는 조건이다.

그러므로 예수님은 청중들에게 믿음의 필수 조건에 대해 가르치시는 셈이다. 사람들이 예수님께 오지 않거나 오지 못하는 이유는 그들이 죄로 죽었기 때문이라고 말씀하고 계신다.

믿음은 하나님께서 주시는 선물이다. 어떤 사람들은 하나님께서 모든 사람에게 그 선물을 주셨다고 믿지만 예수님은 아버지께서 자신에게 주지 않으시면 **"아무도"** 올 수 없다고 말씀하셨음을 기억해야 한다.

예수님은 다음과 같이 말씀하시며 그러한 사실을 다시 한 번 강조하신다. "그러므로 전에 너희에게 말하기를 내 아버지께서 오게 하여 주지 아니하시면 누구든지 내게 올 수 없다 하였노라"(요 6:65).

하나님의 이끄심

역사적으로 교회에서는 예수께서 요한복음 6장 44절에서 말씀하신 '이끌다'라는 동사의 의미, 중요성, 그리고 적용에 대해 지속적인 논쟁이 있어 왔다.

'이끌다'가 영어 역본에서 일반적으로 사용된 동사라는 사실도 놀랍다. 사도행전에서는 동일한 동사가 사람들이 감옥으로 끌려갈 때 사용된다.

『신약성경 신학사전』(The Theological Dictionary of the New Testament)은 여기서 사용된 '이끌다'를 '거절할 수 없게 하다'라고 번역한다.

어떤 것에 이끌림을 받는다고 생각하면 우리는 주로 무언가에 끌리거나, 구애를 당하거나, 설득을 당한 것으로 생각하게 된다. 그래서 이 구절을 다음과 같은 식으로 표현한다. "아버지께서 그에게 구애하지 않으신다면, 그의 관심을 끌지 않으신다면, 그를 설득하지 않으신다면 아무도 나에게 올 수 없다."

그러나 이 동사는 사실 이보다 훨씬 더 강한 의미를 지닌다. 하나님의 구애와 이끄심은 그 결과가 완전히 보장되어 있다. 성령 하나님께서 한 사람을 적극적으로 예수님께 이끄신다면 그 사람은 반드시 예수님께 오게 된다.

하나님께서 예수님께 이끄신 사람은 자기 의지에 반하여 강요를 당했거나 발버둥치며 질질 끌려온 것이 아니다. 성령 하나님으로 말미암아 온 것이다. 이 효과적인 이끄심에는 그 사람의 마음의 변화가 동반된다.

우리는 의지적으로 온다. 아니, 심지어 기쁨으로 온다. 원래 그 사람이 하나님에 관해 무지했다면 이제는 눈에 덮였던 비늘이 제거된 것처럼 밝히 본다. 과거에는 그 사람의 영혼이 기뻐하지 않았던 것들이 이제는 달콤하고 매력적이며 모든 면에서 가지고 싶은 것으로 느껴진다.

하나님께서 주관하시는 하늘의 이끌림은 하나님에 의해

영혼의 내적 경향성이 변화하는 것이다. 이로 말미암아 아버지께서 누군가를 아들에게 이끄실 때 그는 결국 아들에게 오게 되는 것이다. 아들에게 온 그는 영원한 생명을 주는 생명의 떡을 받아먹는다.

그리스도 말고는 하늘 아래 그 어디에도 영생을 얻을 수 있는 다른 원천이 없다.

2.
세상의 빛

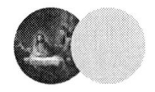

 두 번째 '에고 에이미' 강화는 "나는 세상의 빛이니"이다 (요 8:12). 가지고 있는 성경 역본에 따라 이 문장의 위치가 조금씩 다를 수 있다. 개역 개정 성경에는 이렇게 기록되어 있다. "예수께서 또 말씀하여 이르시되 나는 세상의 빛이니 나를 따르는 자는 어둠에 다니지 아니하고 생명의 빛을 얻으리라."

 이 구절 앞에는 간음으로 잡힌 여인에 관한 이야기가 언급되었다. 사실 킹 제임스 버전의 요한복음 8장 소제목은 "간음한 여인이 세상의 빛을 마주하다"이다. 어떤 고대 사본에서는 이 이야기가 8장 앞부분에 등장하지 않는다.

이런 이유로 이 부분이 신약성경에 포함되는 것이 적합한지에 대한 논란이 지금까지 계속되고 있다. 사도들에 의해 전해진 것이라는 사실에 대해서는 별다른 논쟁이 없으나 전체 이야기 흐름에 과연 어울리는가 하는 데는 의견이 일치하지 않는다.

하나의 사건을 둘러싸고 있는 문맥은 많은 경우 본문의 의도된 의미를 읽어 내는 데 도움을 준다. 이 '에고 에이미' 강화가 간음한 여인 이야기에 포함되든 그렇지 않든, 그 본질적 의미에는 영향을 주지 않는다.

일반적으로 이 문장은 요한복음 8장에서 발견되므로 예수님께서 한 여인을 어둠에서 끌고 나와 그녀의 죄를 공개적인 구경거리로 만든 사람들에게 이 말씀을 하셨다는 것을 전제로 논의를 진행하겠다.

그들은 이 여인의 죄를 백주에 끄집어내어 공개했다. 그러자 예수님은 여인을 정죄했던 이들을 책망하신 후(죄 없는 자가 돌로 치라고 말씀하시며 책망하셨다) 여인에게는 은혜를 선사하시며 다음과 같이 말씀하셨다. "나는 세상의 빛이니 나를 따르는 자는 어둠에 다니지 아니하고 생명의 빛을 얻으리라"(요 8:12).

안에서부터 비치는 빛

'빛'은 요한복음 전반에 걸친 가장 중요한 표현 중 하나다. 예를 들어 요한은 **빛, 생명,** 그리고 **진리**라는 단어를 반복적으로 사용한다.

물론 신약성경에서 요한복음이 복음의 진리나 그리스도의 사역이나 그리스도께로 회심한 자들에게 일어난 일을 가리키는 비유로 빛을 사용한 유일한 곳은 아니다.

본성적으로 타락한 우리의 상태는 어둠의 자녀들로 묘사된다. 이런 의미에서 어둠은 우리의 도덕적 결함이나 마음의 부패를 뜻한다.

이쯤에서 조셉 콘래드(Joseph Conrad)의 명작 소설인 『암흑의 핵심』(Heart of Darkness)을 언급하지 않을 수 없다.

우리는 어둠 속에서 일어난 일에 대해 이야기한다. 선한 행위를 하는 사람들은 어두운 곳에 숨으려 하지 않는다. 어둠은 입 밖으로 내기 힘든 죄들이 이루어지는 곳이며 대중적인 공개로부터 감추어진 곳이다.

구약의 선지자 이사야는 장차 오실 메시아(여호와의 종)에 관해 예언하면서 이렇게 썼다. "흑암에 행하던 백성이 큰 빛을 보고"(사 9:2). 세속 사회도 이런 표현을 사용한다. 배움에 있어 큰 도약을 이루어 낸 때를 가리켜 '계몽주의 시대'라고(계몽주의의 영어 표현은 'the Enlightenment'이다. 이는 밝히 깨달음을 얻었다는 의미를 지닌다-역주) 하며 앞선 시대를 '암흑기'라고 부르니 말이다.

우리는 빛과 어둠이 대조되는 관계를 성경의 창세기에서부터 발견한다.

하나님께서 빛을 창조하셨을 때 이를 어둠과 분리시키셨다. 그리고 예수님은 세상의 빛으로서 하나님의 찬란한 영광 자체를 발산하신다. 하나님께서 빛으로 드러나시기 때문이다.

하나님은 접근이 불가능한 빛 가운데 거하시면서 자신의 성품의 영광을 발산하신다. 성경에서 하나님이 자신을 드러내시는 것을 보면 반복적으로, 압도적인 빛으로 그렇게 하시는 것을 알 수 있다.

예수님께서 다메섹으로 가던 사울에게 나타나셨을 때 사울은 낮의 해보다 밝은 빛으로 눈이 멀었다. 이는 변화산 상에서도 나타난다. 거기서 그리스도의 신성이 인성의 허울을 뚫고 드러났다. 용모가 변형되었고 그 옷이 빛나기 시작했다. 그리고 밝은 빛이 그분을 둘러쌌다. 제자들이 죽은 자같이 얼굴을 땅에 파묻을 수밖에 없었다.

여기에서 일어난 일을 이해하려면 먼저 색의 성질을 이해해야 한다.

예를 들어 당신이 만약 오렌지를 보고 무슨 색깔인지 묻는 질문을 받았다면 "오렌지의 색깔은 오렌지색입니다."라고 말할 가능성이 높다. 그렇다면 불이 꺼졌을 때의 오렌지는 무슨 색인가? 검은색일 것이다. 오렌지가 오렌지색이 될 수 있는 유일한 때는 빛을 반사할 때이기 때문이다. 즉 광원이 없이는 모든 것이 검은 색이다. 자체의 색이 감추어진다. 색의 순수성은 빛 안에서만 발견된다.

하늘에 걸린 무지개를 볼 때마다 나는 이 사실을 기억하게 된다. 빛의 굴절이 우리에게 빛 가운데서 발견되는 아름다움을 드러내 주기 때문이다.

제자들이 그리스도에게서 신성의 빛이 발산되었던 변화를 기술한 것을 보면 그분은 빛을 반사하신 것이 아니었다. 빛은 그리스도 **안에서부터** 발산되어 나왔다.

이는 하나님의 뒷모습을 보고 빛났던 모세의 얼굴과 다르다. 모세는 하나님의 영광을 반사시킴으로써 빛났던 것이지 자신이 원래 가지고 있던 내재적 영광을 드러냈던 것이 아니다. 반면 그리스도께서 변화산에서 빛을 뿜어내실 때 보여 주신 것은 스스로 가지고 계셨던 내적 영광이었다. 이것이 바로 요한이 자신의 복음서를 열며 다음과 같이 시작한 이유다. "말씀이 육신이 되어 우리 가운데 거하시매 우리가 그의 영광을 보니 아버지의 독생자의 영광이요 은혜와 진리가 충만하더라"(요 1:14).

요한복음 8장에 이르러서야 예수님은 스스로를 세상의 빛이라고 하시지만 사실상 시작부터 빛으로 묘사되고 있다.

> 태초에 말씀이 계시니라. 이 말씀이 하나님과 함께 계셨으니 이 말씀은 곧 하나님이시니라. 그가 태초에 하나님과 함께 계셨고 만물이 그로 말미암아 지은 바 되었으니 지은 것이 하나도 그가 없이는 된 것이 없느니라. 그 안에 생명이 있었으니 이 생명은 사람들의 빛이라. 빛이 어둠에 비치되 어둠이 깨닫지 못하더라(요 1:1-5).

성경에서 요한복음 서문보다 그리스도의 신성을 더 명확하게 보여 주는 곳은 찾아볼 수 없다. 삼위일체의 두 번째 위격인 **말씀이**(the Logos, 로고스) 태초부터 하나님과 함께 계셨으며, 시작부터 하나님 자신이셨고, 모든 것을 창조하신 분이라고 말한다.

요한은 "그 안에 생명이 있었으니 이 생명은 사람들의 빛이라"고 말한다. 이 빛은 어둠 가운데 비치는 빛, 곧 **말씀**(로고스) 자체다. 궁극적인 빛의 원천이 세상으로 들어왔으나 어둠에 속한 사람들은 이해할 수 없었다.

요한복음은 계속해서 말한다. "하나님께로부터 보내심을 받은 사람이 있으니 그의 이름은 요한이라"(6절). 이는 물론 세례 요한을 말한다. "그가 증언하러 왔으니 곧 빛에 대하여 증언하고 모든 사람이 자기로 말미암아 믿게 하려 함이라. 그는 이 빛이 아니요 이 빛에 대하여 증언하러 온 자라. 참빛 곧 세상에 와서 각 사람에게 비추는 빛이 있었나니"(7-9절).

빛은 실재를 드러낸다

빛과 어둠의 비유는 단지 신약성경이나 기독교 문헌에서만 발견되는 것이 아니라 고대 철학자들의 통찰에서도 발견된다. 이는 분명 철학자 플라톤이 가장 선호한 비유 중 하나였다.

플라톤은 『국가론』(The Republic)에서 매우 유명한, 동굴에 갇힌 노예들의 비유를 이야기한다. 동굴에는 아주 작은 불이 있고 그 뒤에는 사람들이 묶여 있다. 그들에게 주어진 빛이라곤 동굴 벽에 희미하게 비치는 작은 빛뿐이다. 동굴 안에 있는 사람들은 볼 수 있는 것이 그것밖에 없기 때문에 그 그림자들이 실재라고 믿는다.

동굴 벽에 아른거리는 그 그림자를 플라톤은 '견해'라고 부른다. 그는 동굴 안의 그림자들이 참된 지식보다 못한 것임을 알고 있었던 것이다. 그는 비유를 통해 참된 지식을 얻으려면 동굴을 나가서 어둠을 벗어나 대낮의 해 아래에서 대상의 참모습을 보아야 한다고 말한다.

빛이라는 전제 하에서만 실재가 인식될 수 있다. 거기서만 참지식을 얻을 수 있다. 여타의 모든 것은 단지 흐릿한 근사도일 뿐이며 실재가 아닌 견해일 뿐이다. 이는 플라톤의 철학에서 중요한 부분일 뿐 아니라 철학자의 목적을 상징적으로 보여 주는 것이었다. 그것이 그들을 자유롭게 하여 실재를 올바르게 볼 수 있도록 하는 것이다.

기독교에서 이 사실이 왜 중요한가?

2세기 기독교 변증가였던 순교자 유스티누스(Justinus)는 하나님께서 우리에게 주시는 원천들을 통해 진리를 발견할 수도 있지만 하나님의 진리가 피조세계를 통해 비추기도 한다고 주장했다.

바울은 로마서 1장을 통해 우리에게 하나님의 계시가 단지 성경을 통해서만 오는 것이 아니라 자연을 통해서도 온다고 말한다. 이 자연에서 "하늘이 하나님의 영광을 선포하고 궁창이 그의 손으로 하신 일을 나타"낸다(시 19:1).

순교자 유스티누스는 더 나아가 어떤 사람들, 심지어 불신자라 할지라도 실재를 어렴풋이 볼 수 있다고 말한다. 이것이 불신자들도 훌륭한 물리학자, 수학자, 생물학자, 그 밖의 다른 훌륭한 직업인이 될 수 있는 이유다. 그들은 자연의 빛으로 일하며 우리는 그 빛에 감사해야 한다. 기독교인들도 불신자들을 통해 커다란 유익을 얻게 되기 때문이다. 그래서 우리도 한 걸음 물러서서 플라톤, 아리스토텔레스, 키케로의 통찰에 감명받을 수 있다.

동일하게 우리는 불신자 의사를 통해 병을 고칠 수 있으며 불신자 엔지니어가 설계한 비행기를 타고 여행할 수 있다. 플라톤에게서 발견되는 가치 있는 지식도 모두 최고의 광원이 되시는 그리스도께로부터 온 것이다.

그분은 이 땅에 있는 모든 사람에게 빛을 비추신다. 하나님께서 그리스도를 통해 세상에 주시는 은혜의 빛을 떠나서는 무지와 어둠 외에 그 어떤 것도 있을 수 없다. 기독교인이 아닌 사람들까지도 이 세상에 온 빛으로 말미암은 유익을 누린다. 심지어 사람들이 빛을 거부할 때조차 그들은 빛의 유익에 참여하고 있다.

빛의 영광

성경의 첫 장에 기록된 "태초에 하나님이 천지를 창조하시니라"(창 1:1)라는 창조 기사를 다시금 기억할 필요가 있다. 이어서 이 기사는 다음과 같이 기록되었다. "땅이 혼돈하고 공허하며 흑암이 깊음 위에 있고"(2절).

하나님께서 우주가 창조되기 전의 모습을 성경 첫 장에 묘사하신다. 아무런 형체도 없고 혼돈만 가득했다. 거기에 있던 것이라고는 공허와 어둠뿐이었다.

2절에 언급된 세 가지(혼돈, 공허, 흑암)를 생각해 보자. 이는 모두 우리에게 부정적이고 불길하게 들리는 표현이다.

그러나 우리는 창조의 첫 장면에서 성령님이 그 깊음의 수면 위를 운행하시고, 하나님께서 "빛이 있으라"(3절)고 말씀하신 것을 본다. 그러자 곧바로 빛이 생겼다. 하나님께서 피조 세계에 행하신 첫 행위는 바로 어둠으로 가득 찬 우주에 빛을 창조하신 것이었다.

하나님 자신이 빛과 관련하여 묘사된다. 이것이 성경 계시의 시작이다.

성경 계시의 끝인 요한계시록에는 요한이 생생하게 묘사한 새 하늘과 새 땅이 있다. 요한은 천국 내부에 관한 환상을 보았다. 그리고 새 예루살렘이 하늘로부터 내려오는 것을 보았다. 거룩한 성의 내부를 묘사하며 요한은 그곳에 빛이 없다고 말한다.

왜일까? 그곳에서는 하나님의 영광과 어린 양이 하늘의 구석구석을 비추시기 때문이다.

그곳에는 밤이 없다. 하나님의 임재가 계속해서 빛을 발산하기 때문이다. 이것이 바로 성경이 말하는 하나님의 영광이다. 찬란하게 빛나는 그분의 정결함과 밝음이 우리에게 빛으로 오는 것이다.

이 모든 것이 예수의 "나는 세상의 빛이니 나를 따르는 자는 어둠에 다니지 아니하고 생명의 빛을 얻으리라"(요 8:12)는 선포에 담겨 있다.

우리는 회심한 사람을 가리켜 "그가 빛을 보았다"고 표현한다. 이전에는 그가 하나님에 관한 것들에 눈이 멀었었다고 여기는 것이다.

재미있지 않은가? 회심 전에는 종교가 불필요하고, 비이성적이고, 광적이고, 무엇보다 하찮아 보인다. 그런데 느닷없이 눈이 열리면서 그리스도의 광채의 달콤함을 오롯이 보게 될 때, 모든 것이 바뀐다.

전에는 눈이 멀었으나 지금은 보나이다

예수께서 자신을 "세상의 빛"으로 부르신 또 다른 곳은 태어날 때부터 눈이 먼 자를 고치시는 이야기에서다. 태어나서 처음으로 눈을 뜬 이 사람이 가장 먼저 본 것은 바로 자신을 볼 수 있도록 해 주신 세상의 빛이었다. 예수께서 자신을 세상의 빛이라고 부르실 때 사람들이 어떻게 반응했는지 보라.

바리새인들이 이르되 네가 너를 위하여 증언하니 네 증언은 참되지 아니하도다. 예수께서 대답하여 이르시되 내가 나를 위하여 증언하여도 내 증언이 참되니 나는 내가 어디서 오며 어디로 가는 것을 알거니와 너희는 내가 어디서 오며 어디로 가는 것을 알지 못하느니라. 너희는 육체를 따라 판단하나 나는 아무도 판단하지 아니하노라. 만일 내가 판단하여도 내 판단이 참되니 이는 내가 혼자 있는 것이 아니요 나를 보내신 이가 나와 함께 계심이라. 너희 율법에도 두 사람의 증언이 참되다 기록되었으니 내가 나를 위하여 증언하는 자가 되고 나를 보내신 아버지도 나를 위하여 증언하시느니라. 이에 그들이 묻되 네 아버지가 어디 있느냐? 예수께서 대답하시되 너희는 나를 알지 못하고 내 아버지도 알지 못하는도다. 나를 알았더라면 내 아버지도 알았으리라(요 8:13-19).

유대인 법에서 어떤 증언이 합법적인 증언이 되려면 그에 상응하는 다른 출처의 증언이 있어야 했다. 즉 적어도 두 사람 이상의 증언이 합치해야 했다.

여기서 예수님은 "나는 세상의 빛이다."라고 하셨고, 바리새인들은 "아니, 당신은 세상의 빛이 아니야. 그 누구도 당신의 무모한 주장에 부합하는 증언을 하지 않았거든."이라고 한 셈이다. 그러자 예수님은 이렇게 답하신다. "내게는 다른 확증이 필요하지 않다. 나는 내가 누구인지 잘 알고 있기 때문이다. 나는 내가 어디로부터 와서 어디로 가는지 정확히 알고 있다."

스스로를 생명의 떡이라고 말씀하셨을 때, 예수님은 자신이 어디로부터 왔는지를 말씀하셨다. 하나님께서 말씀하실 때 인간의 확증은 필요치 않다.

신약성경의 다른 곳에서도 하나님의 확증을 발견할 수 있다. 예수께서 세례를 받으실 때 하늘에서 들리는 소리로 아버지께서 "이는 내 사랑하는 아들이요 내 기뻐하는 자라"고 하셨다(마3:17). 예수께서 변모하셨을 때도 아버지께서 "이는 내 사랑하는 아들이요 내 기뻐하는 자니 너희는 그의 말을 들으라"(마 17:5)고 하셨다.

이런 확증은 요한복음 3장에서 니고데모가 밤에 예수님을 찾아와 "랍비여, 우리가 당신은 하나님께로부터 오신 선생인 줄 아나이다. 하나님이 함께하시지 아니하시면 당신이 행하시는 이 표적을 아무도 할 수 없음이니이다"(요 3:2)라고 한 것에서도 찾아볼 수 있다.

예수님의 기적과 표적들도 그분의 자기주장에 대한 하나님의 증언, 확증, 보증을 반영한다.

3.
양의 문

 예수께서 '에고 에이미' 방식으로 말씀하실 때 구약의 하나님의 이름인 여호와, 곧 '나는 스스로 있는 자다'의 용법과 일치한다는 사실을 살펴본 바 있다. 이제 요한복음 10장에서 예수님이 "나는 양의 문"이라고 말씀하신 주장을 보려 한다(요 10:7).

 이를 살펴보기 전에 예수께서 이 장에서 자신을 "선한 목자"로 부르시면서 또 다른 중요한 '에고 에이미' 강화를 하신 것에 주의를 기울여야 한다(11절). 같은 문맥에서 예수님이 스스로를 "양의 문"과 "선한 목자"라고 부르신 것이다. 이 두 표현은 같은 것이 아니기 때문에 구분할 필요가 있다.

그러나 구분한다고 해서 분리하여 생각해서는 안 된다. 그 관계가 매우 밀접하기 때문이다.

이 부분에서 첫 번째 '에고 에이미' 강화는 "나는 양의 문이라."이다. 이렇게 말씀하신 맥락은 다음과 같다.

내가 진실로 진실로 너희에게 이르노니 문을 통하여 양의 우리에 들어가지 아니하고 다른 데로 넘어가는 자는 절도며 강도요 문으로 들어가는 이는 양의 목자라. 문지기는 그를 위하여 문을 열고 양은 그의 음성을 듣나니 그가 자기 양의 이름을 각각 불러 인도하여 내느니라. 자기 양을 다 내놓은 후에 앞서 가면 양들이 그의 음성을 아는 고로 따라오되 타인의 음성은 알지 못하는 고로 타인을 따르지 아니하고 도리어 도망하느니라. 예수께서 이 비유로 그들에게 말씀하셨으나 그들은 그가 하신 말씀이 무엇인지 알지 못하니라. 그러므로 예수께서 다시 이르시되 내가 진실로 진실로 너희에게 말하노니 나는 양의 문이라. 나보다 먼저 온 자는 다 절도요 강도니 양들이 듣지 아니하였느니라. 내가 문이니 누구든지 나로 말미암아 들어가면 구원을 받고 또는 들어가며 나오며 꼴을 얻으리라. 도둑이 오는 것은 도둑질하고 죽이고 멸망시키려는 것뿐이요 내가 온 것은 양으로 생명을 얻게 하고 더 풍성히 얻게 하려는 것이라(요 10:1-10).

양의 보호

선한 목자 강화를 시작하시면서 예수님은 자신을 양들이 지나다니는 문으로 비유하신다. 그야말로 풍부한 역사적 배경을 지닌 비유로 청중들에게 설명하신 것이다.

우리는 고대 유대 공동체에서 목양이 매우 중요한 직업이었음을 알고 있다. 그래서 구약성경은 목양에 관한 설명으로 가득하다. 모세는 애굽에서 도망쳐 나온 후 40년 동안 목자의 삶을 살고 나서야 하나님의 백성들을 해방하는 일에 쓰임받았다. 다윗은 이스라엘의 목자 역할을 감당하는 왕이었다. 우리 모두가 시편 23편에서 주님이 자기 백성들의 목자로 묘사되고 있다는 것을 익히 알고 있다.

고대 사회에서 양은 밖에서 쉽게 볼 수 있는 동물이었다. 목자는 잔잔한 물가와 푸른 초장으로 양들을 데리고 가서 목초를 먹이며 양들을 키울 수 있었다. 만약 당신이 양 무리를 보게 되었다면 어떤 질서나 규칙 없이 정신없게 움직이는 것을 볼 수 있을 것이다. 목자가 없는 양들은 멍청한 것이 아닐까 생각될 정도로 행동한다. 그래서 이런 양들을 인도하며 양 무리를 보호하기 위한 목자가 필요한 것이다.

밤이 되면 목자는 양들을 목초에서 데리고 와서 보호가 가능한 우리(sheepfold) 안에 가두어 놓는다. 양을 가두는 우리는 다양한 형태가 있었다. 어떤 것은 나무로 난간을 만들어 우리 내부를 보호하기도 했지만 일반적인 형태는 돌로 쌓은 것이었다. 이러한 양 우리는 거의 난공불락의 요새로, 도둑이나 양을 해칠 수 있는 야생 동물로부터 양들을 보호하는 피난처 역할을 해냈다.

양 우리를 둘러싸고 있는 벽 위에는 날카로운 철조망 같은 것 대신(당시에는 철조망 자체가 없었다) 벽을 넘으려는 침입자의 사기를 꺾기 위해 날카로운 뿔 같은 것들을 붙여 놓았다. 이것이 우리 바깥에서 벽을 넘어 들어오려는 자들 모두가 파괴와 약탈과 살해를 목적으로 한다고 예수께서 말씀하신 이유다. 문은 양들이 지나다닐 수 있는 입구였고, 무엇보다 목자가 지나다닐 수 있는 통로였다. 양 우리 안에서는 한 사람 정도가 문을 지키는 역할을 감당했다. 그는 목자가 아닌 문지기였다. 예수님 당시의 양 우리의 문들은 온전한 모

양을 갖춘 문보다 벽 사이에 난 틈새인 경우가 많았다. 물론 양들이 오가기에 충분히 넓었고, 문지기들이 누워서 자기에도 적당한 너비였다. 이렇게 함으로써 만약 누군가 그 '문'을 통과하려고 할 때 문지기들이 깨어나 위험에 대비할 수 있었다.

양 우리는 일반적으로 여러 양 무리를 동시에 수용할 수 있는 크기였다. 여러 명의 목자가 들어와 자기 양들과 함께 밤을 보냈다. 양들은 유실되거나 다른 무리와 섞이지 않았는데 이는 양들이 자기 목자를 알아보았기 때문이다. 목자도 당연히 자기 양을 알아보았다. 하지만 이 중요한 진리를 잊어서는 안 된다. 양 우리의 입구, 보호가 이루어지는 장소는 다름 아닌 양의 문이었다는 사실이다. 예수께서 "나는 양의 문이라"고 하실 때 가장 먼저 사용하신 이미지가 바로 이와 같은 양의 문이다.

지금도 목자들이 자기 양들의 특별한 생김새나 특징을 알아보았다는 것에 대한 기록이 남아 있다. 뿐만 아니라 자기 양들과 어느 정도 시간을 보낸 뒤 서로 익숙해진 목자가 양 무리 안에서 양을 부르면 양이 목자에게로 달려왔다. 멍청해 보이는 양이라도 자기 목자의 목소리를 알아듣기 때문이다. 거듭 말하지만 양 무리로 들어갈 수 있는 유일한 통로는 양의 문이다. 목자는 문을 열어 주고 양들은 목자의 목소리를 듣는다. 목자는 양들의 이름을 부르며 인도한다. 자기 양들을 큰 양 무리 밖으로 부를 때면 가장 먼저 문을 통과해 푸른 초장으로 양들을 인도한다. 그러면 양들은 그를 따라나선다.

신약성경을 읽을 때 많은 사람이 특정 본문을 즐겨 읽는다. 그래서 본문을 앞의 내용과 무관한 이야기라고 생각하며 읽을 때가 많다. 사실 요한복음 10장은 9장에서 곧바로 이어지는 내용으로, 복음서 원본에는 장이나 절 구분이 없었다. 따라서 10장 바로 앞에서 어떤 것이 예수님으로 하여금 이런 비유를 말씀하게 하였는지 살펴볼 필요가 있다.

예수께서 이 내용을 전하시기 전의 상황은 눈먼 자를 고치신 것이다. 예수께서 만지시고 빛을 볼 수 있게 해 주셨을 때 그는 처음으로 눈을 뜬 것이었다. 바리새인들과 사두개인들은 예수께서 스스로에 대해 진술하신 것에 분개하는 동시에 그렇게 고침을 받은 사람을 향해서도 분개했다. 사실상 그 불쌍한 사람을 출교시켰고, 함께 기뻐하기는커녕 분노했다.

바리새인들과의 이런 만남 직후에 예수님은 자신이 양 우리로 통하는 문이며 선한 목자라고 말씀하셨다. 바리새인들은 하나님의 백성의 목자로 불리던 사람들이었다.

하지만 그들은 도둑과 강도처럼 자기 양들의 안녕에 조금도 신경을 쓰지 않았다. 태어날 때부터 눈이 멀었던 그 사람 역시 바리새인들의 목양을 받아야 할 사람이었다. 그 사람 역시 양 무리에 속한 자였다. 이 말씀을 통해 예수께서는 이렇게 말씀하신 것이나 다름없었다. "대체 너희는 어떤 목자들이냐? 양들을 생각하는 마음이 그 정도냐? 너희의 양인 이 사람을 위해 이제까지 한 것이 무엇이냐? 너희는 자신의 자리와 명성에만 관심이 있을 뿐 내가 고친 이 사람의 안녕에는 아무런 관심이 없구나."

하나님 나라를 향한 문

예수께서 양 무리와 양의 문에 관해 말씀하신 것은 청중들이 듣기에 매우 평범하고 현실적이며 피부에 와 닿는 비유를 사용하여 더 높은 진리로 그들의 주의를 끄시기 위함이었다. 우리는 예수님께서 말씀하신 비유의 핵심이 하나님 나라에 대해 전달하고자 하신 것이었음을 기억해야 한다. 많은 경우에 예수님은 "하나님 나라는…"으로 비유를 시작하셨다. 예수님이 하나님께 양 무리가 있다고 말씀하신 것은 거룩하고 안전한 장소가 있다고 말씀하신 것이다. 하나님께서 공급하시는 영원한 평화와 보호가 있는, 예수님 자신이 백성들의 견고한 성읍이 되어 주시는 곳이다. 그 요새는 양 우리와 같은 문이 있다. 예수님은 하나님 나라와 하나님의 임재에 관해 말씀하시면서 우리를 단지 그곳으로 이끄실 뿐 아니라 그 안에서 안전하게 거하도록 지키신다.

바리새인들에게는 이러한 예수님의 가르침이 공격적인 것이었다. 그러나 기독교 역사상 현재 우리가 살고 있는 시대만큼 이런 가르침에 공격적인 때가 또 있었을까 싶다.

예수께서 정치적으로 부당해 보이는 선언을 하셨다면 바로 이 내용일 것이다. 여기서 예수님이 말씀하시는 것은 하나님 나라는 배타적이며 포용적이지 않고, 양 우리는 여러 개의 문과 길로 출입할 수 있는 곳이 아니라는 사실이다.

문은 단 하나다. 신약성경이 반복적으로 강조하듯 말이다. 하나님과 사람 사이에 단 한 명의 중보자만 있다. 바로 그리스도시다. 하나님의 양 무리에게는 단 한 명의 목자만 있으며, 양 우리로 들어갈 수 있는 길도 친히 양의 문이신 그분을 통과하는 하나의 길밖에 없다.

이는 우리가 살고 있는 포용적이고 다원주의적인 문화의 눈에는 공격적인 것이다. 그리스도인들이 이렇게 이야기할 때 많은 사람이 눈살을 찌푸릴 것이다. 그러나 우리는 반드시 기억해야 한다. 이 주장을 먼저 한 이는 예수님과 사도들이었다는 사실이다. 베드로는 이렇게 말했다. "다른 이로써는 구원을 받을 수가 없나니 천하 사람 중에 구원을 받을 만한 다른 이름을 우리에게 주신 일이 없음이라"(행 4:12).

예수께서 "나보다 먼저 온 자는 다 절도요 강도니"라고 말씀하실 때 누구를 가리키셨던 것일까? 구약 시대 선지자를 가리키신 것 같지는 않다. 당연히 모세나 이사야를 절도나 강도로 부르지도 않으셨을 것이다. 스스로 하나님의 길이라고 주장했던 거짓 메시아들을 가리키신 것 같다.

우리가 살고 있는 다원주의 문화에서는 많은 사람이 하나님을 향한 길이라고 주장한다. 무엇을 믿든 상관없다고 하면서 말이다. 불교든 힌두교든 도교든, 모두 하나님께로 가는 길을 가르치는 것이라고 말한다. 그러나 이와 같이 무엇이든 포용할 수 있다는 관념은 성경이 말하는 구원이나 그리스도와 정면으로 충돌한다. 그리스도만이 **모노게네스** (monogenēs), 즉 유일하게 아버지로부터 난 독생자이시다.

유일한 길, 예수

대학에서 나를 가르쳤던 영문학 교수는 공개적으로 기독교에 적대적이었다. 어느 날에는 수업 중에 학생들 앞에서 나에게 다음과 같이 질문했다. "스프로울, 학생은 예수만이 신에게로 향하는 유일한 길이라고 믿나요?"

교실의 모든 눈이 날 향했음을 감지할 수 있었다. 아주 큰 어려움에 봉착했음을 알아챘다. 내가 "네, 그렇습니다."라고 말하면 나는 편협한 사람이 될 것이고, "아니오."라고 답하면 배교자가 될 것이기 때문이었다. 그래서 나는 웅얼거리며 잘 대답하지 못했다.

그러자 교수님이 다시 물었다. "뭐라고요?"

"네, 그분이 유일한 길이라고 생각합니다."

교수님은 곧바로 공격을 시작했다. "그건 이제까지 내가 들어 온 말 중 가장 오만하고, 편협하고, 아집에 가득 찬 말이군요."

그리고 그 자리에 있던 모든 학생 앞에서 나를 모욕했다. 수업이 끝나고 교실을 떠나기 전에 나는 문 앞에서 교수님께 차분히 말했다. "저는 교수님이 기독교를 믿지 않으신다는 걸 압니다. 그렇다면 누군가 예수만이 신에게로 향하는 유일한 길이라는 사실에 진정으로 설득되는 것이 가능하다고 생각하시나요?"

"물론이죠. 그렇게 생각해요."

나는 계속해서 말을 이어 갔다. "음, 만약 누군가가 예수만이 하나님을 향한 유일한 길이라고 설득되었다면 그는 자신만이 하나님을 향한 유일한 길이라고 말한 그 예수를 찾은 것이군요. 그 사람은 어떻게 해야 할까요? 만약 제가 예수님이 신에게로 향하는 유일한 길이라고 생각한다면 교수님은 제가 믿는 이 길을 믿어야 할 겁니다. 제가 믿는 것만이 진리일 테니까요. 물론 이건 오만하고, 편협하며, 아집에 가득 찬 생각이죠. 그렇다면 제가 예수가 그리스도라는 사실에 설득당했고, 그가 스스로를 유일한 길이라고 가르쳤음을 믿으면서도 교수님을 기쁘시게 하거나 여러 길이 있다고 말하는 현대 문화에 동조하기 위해 그분을 배신해야 하는 건 이해되시나요?"

"이해됩니다. 하지만 당신은 어떻게 오직 한 길만 제시하는 신을 믿을 수 있죠?"

"그건 저도 놀랄 일이에요."

"뭐라고요?"

"그분이 제게 길을 보여 주셨다는 사실 말이에요. 대체 왜 길을 주셔야 했을까요? 그분이 행하셨던 일을 생각해 본다면, 타락한 세상을 구속하시기 위해 그리스도의 사역을 통해 어디까지 가셔야 했던 것인지 생각해 본다면 말이죠. 그리스도의 삶과 인생은 부처나 모하메드나 공자나 또 다른 이들에 비할 바가 아니에요. 그들은 모두 죽었어요. 그 누구도 죄를 속해 주지 못했습니다. 그중 누구도 하나님의 심판의 자리에서 세상의 죄를 짊어지지 않았어요. 만약 하나님께서 독생자를 세상에 보내셔서 제가 지은 모든 죄를 짊어지게 하셨고, 제가 죽어야 할 자리에서 그분의 아들을 죽이셨고, 제가 그분을 믿으면 제가 지은 모든 죄를 용서하시고 제게 결코 죽지 않을 수 있는 영생을 허락하신다면 그분을 바라보며 전 이렇게 묻고 싶어요. '아직도 해 주실 게 남아 있으세요?'"

우리가 예수님께서 말씀하신 넓은 길에 대한 가르침은 받아들이려 하지 않으면서 하나님께 문을 다섯 개만 내 달라고 요구하는 것은 참으로 오만한 것이다. "좁은 문으로 들어가라. 멸망으로 인도하는 문은 크고 그 길이 넓어 그리로 들어가는 자가 많고 생명으로 인도하는 문은 좁고 길이 협착하여 찾는 자가 적음이라"(마 7:13-14).

만약 당신이 안전한 곳에 들어가고 싶다면 예수님을 통과해야 한다. 그분은 "내가 문이니 누구든지 나로 말미암아 들어가면 구원을 받고 또는 들어가며 나오며 꼴을 얻으리라. 도둑이 오는 것은 도둑질하고 죽이고 멸망시키려는 것뿐이요 내가 온 것은 양으로 생명을 얻게 하고 더 풍성히 얻게 하려는 것이라"고 약속하셨다(요 10:9-10). 즉 예수님은 자신을 양 우리의 문이라고 말씀하심으로써 자신이 생명의 (그분이 친히 내어 주시는 초월적 생명) 문이라고 말씀하신 것이다.

4.
선한 목자

 3장에서 우리는 "나는 양의 문이라"고 하신 예수님의 말씀을 살펴보았다. 이 문은 양의 우리로 통하는 문이자 아버지의 집에 있는 영생으로 통하는 문이다. 이 강화는 예수께서 날 때부터 눈먼 자를 고쳐 주신 것에 대한 사람들의 반응에 답하신 것이었다.

 같은 장에서 예수님은 자신을 "선한 목자"(요 10:11)라고 말씀하신다. 앞에서 나는 "나는 양 우리의 문이다."와 "선한 목자다."는 구분될 수 있으나 한 강화에 포함된 서로 다른 부분이라고 말한 바 있다.

 "나는 선한 목자다."를 더 알아보기 전에 "나는 양의 문이다."에 관련하여 한마디만 더 하려 한다.

주님의 말씀 마지막 부분에서 "나로 말미암아 들어가면 구원을 받고"(요 10:9)라는 구절을 기억해 보라. 이렇게 하심으로써 예수님은 자신이 문이라는 사실과 구원을 직접적으로 연결시키셨다.

바울은 로마서 3장과 4장에 걸쳐 복음에 관한 설명과 오직 믿음으로만 의롭다 함을 받는다는 칭의 교리를 설파한 후 칭의의 유익에 대한 대략을 다룬다.

그리스도께서 칭의 사역을 통해 그분의 백성들을 위해 얻어 내신 것은 무엇인가?

바울은 이렇게 쓴다. "그러므로 우리가 믿음으로 의롭다 하심을 받았으니 우리 주 예수 그리스도로 말미암아 하나님과 화평을 누리자"(롬 5:1).

하나님과 화평을 누리는 것, 이것이 첫 번째 유익이다. 이제 하나님에게서 유리된 삶은 끝났다. 더 이상 하나님과 우리 사이에 전쟁은 없다. 우리는 의롭다 함을 얻음으로 평화를 얻었다. 살아 계신 하나님과 평화를 누리는 것의 중요성은 언급할 필요조차 없다. 일상적인 히브리어 인사가 평화를 의미하는 '샬롬'인 데에는 그만 한 이유가 있는 것이다.

바울 사도가 언급하는 두 번째 유익은 "또한 그(예수)로 말미암아 우리가 믿음으로 서 있는 이 은혜에 **들어감**을 얻었으며"(2절, 저자 강조)이다.

바울은 그리스도께서 우리를 위해 얻어 주신 것을 '아버지께 들어감'이라고 표현한다. 이것이 바로 예수께서 자신을 양의 문이라고 지칭하실 때 염두에 두셨던 것이다.

문은 들어가는 곳이다. 예수께서 문이신 것은 아버지의 임재로 들어가는 길이라는 의미다. 예수님은 단지 적절하고 쓸모 있는 문이 아니라 단 하나의 길이다.

이와 같이 문으로만 들어갈 수 있는 외벽이 존재하는 곳의 이미지는 창세기까지 거슬러 올라간다. 아담과 하와는 에덴동산에서 추방당했고 하나님께서는 동산 입구에 불타는 검을 쥔 천사들을 두셨다. 하나님의 임재로 되돌아올 수 없도록 하신 것이다.

동일한 이미지를 구약의 성막과 성전 건축 과정에서도 발견할 수 있다. 그곳에는 성소와 지성소를 분리하여 구분하는 두꺼운 천이 존재했다. 그러나 그리스도께서 죽으셨을 때 성전의 막이 둘로 찢어졌다(위에서부터 아래로 찢어짐으로써 우리가 한 것이 아닌 하나님의 사역임을 상기시킨다).

외벽이 걷혔고, 그리스도의 사역을 통해 하나님의 백성들에게 그 안으로 들어갈 수 있는 자격이 주어졌다. 그리스도는 외벽을 통과하여 들어갈 수 있게 하는 문이다. 그분은 **성소 내부**로 들어가는 문이다. 그분은 우리가 하나님의 임재로 들어갈 수 있게 하는 문이다.

하나님의 지팡이와 막대기

기억할 것이 있다. 앞에서 살펴보았던 본문에서 예수님은 자신이 선한 목자라는 비유를 추가하신다.

> 나는 선한 목자라. 선한 목자는 양들을 위하여 목숨을 버리거니와 삯꾼은 목자가 아니요 양도 제 양이 아니라. 이리가 오는 것을 보면 양을 버리고 달아나나니 이리가 양을 물어 가고 또 헤치느니라. 달아나는 것은 그가 삯꾼인 까닭에 양을 돌보지 아니함이나 나는 선한 목자라. 나는 내 양을 알고 양도 나를 아는 것이(요 10:11-14).

예수님의 이 말씀을 다윗의 유명한 시편과 비교해 보자.

시편 23편에서 다윗은 하나님을 목자로 표현한다.

> 여호와는 나의 목자시니 내게 부족함이 없으리로다. 그가 나를 푸른 풀밭에 누이시며 쉴 만한 물가로 인도하시는도다. 내 영혼을 소생시키시고 자기 이름을 위하여 의의 길로 인도하시는도다. 내가 사망의 음침한 골짜기로 다닐지라도 해를 두려워하지 않을 것은 주께서 나와 함께하심이라. 주의 지팡이와 막대기가 나를 안위하시나이다(시 23:1-4).

해를 두려워하지 않을 수 있는 이유가 무엇인가? 목자가 나를 안위하시기 때문이다. "주의 지팡이와 막대기가 나를 안위하시나이다"(4절).

이 시편은 흥미롭고 생생한 언어로 표현되었다. 다윗 자신이 목자였던 때를 기억하며 썼기 때문이다.

당신은 다윗이 어린아이일 때 이스라엘 군이 블레셋 군과 대치했던 것을 기억할 것이다.

블레셋의 거인 골리앗이 골짜기로 내려와서 이스라엘 백성 중에 자신과 일대일 전투를 하여 이길 용사가 있다면 나오라고 소리쳤다. 이기는 자가 모든 것을 가지자고 외쳤다.

이 싸움에서 이기는 자가 속한 군대의 승리로 하자는 얘기였다.

그 말을 들은 사울이 주변을 둘러보았지만 골리앗에 대항하고자 하는 용사를 한 명도 찾지 못했던 것을 기억하는가?

그때 다윗이 형들에게 도시락을 가져다주기 위해 그곳에 나타났다. 골리앗의 입에서 하나님의 이름이 모욕당하는 것을 들은 다윗은 이스라엘의 단 한 사람도 골리앗에 맞서 일어나지 못하는 것을 믿을 수가 없었다. 그래서 사울에게 가서 말한다. "제가 가서 저 거인과 싸우겠습니다."

그곳에 있던 이들이 "넌 어린아이가 아니냐? 넌 할 수 없다."라고 비웃었지만 다윗은 이렇게 말했다. "나는 내 양들을 공격하던 곰을 물리쳤습니다. 내 양들을 넘보는 사자들을 무찔렀습니다. 하나님께서 나를 곰과 사자로부터 지켜 주셨습니다. 골리앗에게서도 지켜 주실 것입니다." 이후 그 뒷이야기는 역사가 되었다.

다윗은 자기 양들을 지키기 위해 싸운 경험이 있었다. 그의 손에는 지팡이와 막대기가 들려 있었다.

당신도 아마 한쪽 끝이 고리 형태로 굽어 있는 목동의 지팡이를 본 적이 있을 것이다. 당신이 그림에서 봤을 목동 지팡이의 그 고리는 절벽 끝으로 갑작스럽게 방향을 틀거나 구덩이에 빠진 양들을 당기는 역할을 하는 것이다.

목자는 그 지팡이가 있기에 양들을 구할 수 있다. 막대기는 목자들이 야생 동물들이나 양을 훔치러 오는 도둑들을 내쫓기 위해 사용하던 몽둥이다.

다윗은 하나님을 위대한 목자로 보았다. 그러므로 이렇게 말한 셈이다. "오, 하나님, 하나님의 지팡이와 막대기가 저를 안위하십니다. 저를 지키시는 것은 하나님의 능력임을 알기 때문입니다. 제가 사망의 음침한 골짜기로 다닐지라도 저는 혼자가 아닙니다."

우리는 하나님께서 자기 백성에게 사망의 음침한 골짜기에 들어가지 않게 해 주시겠다고 약속하지 않으셨음을 기억해야 한다. 우리 모두가 언젠가는 그 골짜기로 들어가게 될 것이다. 하나님께서 자기 백성들에게 주시는 결코 변하지 않는 약속은 우리를 그곳에 홀로 내버려두지 않으신다는 것이다.

나는 하나님께서 나와 함께하시는데도 두려워할 만한 곳을 알지 못한다. 이것이 그리스도인으로서 우리가 가질 수 있는 소망이다. 궁극적으로 우리 영혼의 목자 되시는 분이

4. 선한 목자

어떤 상황에서도 우리와 함께하신다는 사실을 믿을 수 있기 때문이다.

이스라엘의 목자이자 왕이었던 다윗에게 장차 오실 더 위대한 아들을 기다리는 것은 얼마나 즐거운 일이었을까!

그분은 목자 되신 하나님으로 육신을 입고 오셨다. 시편 23편이 노래하고 있는 분이요, 참으로 "선한 목자" 되시는 분이다.

자기 목숨을 내어놓는 선한 목자

예수님은 "나는 선한 목자라. 선한 목자는 양들을 위하여 목숨을 버리거니와"라고 말씀하셨다. 가장 먼저 말씀하신 것이 선한 목자와 삯꾼을 대조하는 것임을 눈여겨보라. 그 둘의 차이는 명백하다.

목자는 양 키우는 것 자체가 자기 삶과 직결되기 때문에 양들의 안녕에 헌신한다. 반면 삯꾼은 시급을 받고 잠깐 들어와 일하는, 양들을 임시로 돌보기 위해 고용된 사람이다. 그래서 그는 양 자체에 큰 관심이 없다. 양을 소유하지도 않았으니 특별한 감정도 없다. 궁극적으로 양들의 안녕에 신경을 쓰지 않는다. 포식 동물이나 도둑이 오면 양들을 두고 도망쳐 버린다.

예수님은 이렇게 말씀하신다. "나는 선한 목자이며 선한 목자는 목숨을 다해 자기 양들을 지킨다. 이것이 내가 양과 있을 때의 모습이다." 여기서 예수님은 십자가를 염두에 두고 말씀하신 것이다. "나는 양들을 위해 목숨을 버린다."

예수님의 이러한 표현이 신약성경에서 유일하게 여기에만 사용된 것은 아니다. 다른 곳에서 예수님은 양들을 위해 자신의 목숨을 내어주는 것이 자신의 목숨을 빼앗기는 것이 아님을 명확히 하셨다.

예수께서 십자가에 못 박히셨을 때 어떤 사람들이 어떻게 예수님을 도발했는지 기억하는가? "다른 사람은 구할 수 있지만 스스로는 구할 수 없구나. 십자가에서 내려와 보라!"

예수님은 명령을 내릴 수 있는 천군천사들이 있음을 알고 계셨고, 하늘을 명하여 십자가를 제거하라고도 하실 수 있었다. 그러나 그렇게 하셨다면 이 땅에 와서 성취하고자 하셨던 일을 이루지 못하셨을 것이다.

사람들이 경비병들을 풀어서 예수님을 체포하고자 했을 때 아직은 때가 아니었기에 그들 사이로 빠져나오신 적도 있었다. 단 한 명의 경비병도 그분께 손을 댈 수 없었다. 그분만이 자신의 목숨을 던질 수 있는 권세가 있으셨고, 그것을 다시 되찾으실 권세도 그분께만 있었기 때문이다.

죽을 때가 되기 전까지 그분은 죽으실 수 없었다. 그래서 자신을 체포한 사람들에게 이렇게 말씀하셨다. "위에서 주지 아니하셨더라면 나를 해할 권한이 없었으리니"(요 19:11).

이 말씀을 통해 예수님은 자신의 죽음도 스스로 택하신 희생이었음을 명백히 하셨다. 그분은 자신의 생명을 내놓으셨다. 자기 유익을 위해서가 아닌 양들을 위해서 말이다. 그분의 양들은 하나님 아버지께서 주신 이들이다.

예수님은 이렇게 말씀하신다. "내 양은 내 음성을 들으며 나는 그들을 알며 그들은 나를 따르느니라"(요 10:27).

한 무리, 한 목자

다음과 같은 말씀으로 예수님은 쐐기를 박으신다.

나는 선한 목자라. 선한 목자는 양들을 위하여 목숨을 버리거니와 삯꾼은 목자가 아니요 양도 제 양이 아니라. 이리가 오는 것을 보면 양을 버리고 달아나나니 이리가 양을 물어 가고 또 헤치느니라. 달아나는 것은 그가 삯꾼인 까닭에 양을 돌보지 아니함이나 나는 선한 목자라. 나는 내 양을 알고 양도 나를 아는 것이 아버지께서 나를 아시고 내가 아버지를 아는 것 같으니 나는 양을 위하여 목숨을 버리노라. 또 이 우리에 들지 아니한 다른 양들이 내게 있어 내가 인도하여야 할 터이니 그들도 내 음성을 듣고 한 무리가 되어 한 목자에게 있으리라 (요 10:11-16).

이 말씀으로 예수님은 그곳에서 듣고 있던 바리새인들을 격분하게 하는 가르침을 주셨다.

여기서 예수님은 목자가 어떻게 양을 알고 사랑하는지, 그리고 양은 어떻게 목자를 알고 사랑하는지 설명하시면서 선한 목자와 양의 관계를 자신과 아버지의 관계에 비교하신다. 즉 선한 목자가 양을 알 듯이 아버지는 선한 목자를 아시고 선한 목자도 아버지를 안다.

예수님은 다음과 같이 아리송한 말씀도 하신다. "또 이 우리에 들지 아니한 다른 양들이 내게 있어."

앞에서 "나는 양의 문이라."를 살펴볼 때 양 우리에는 여러 목자의 양이 함께 수용된다고 언급했던 것을 기억해 보라. 목자들이 각자 자기의 양을 알아보기 때문에 양들이 섞이지 않고 큰 무리에서도 양을 잃어버리지 않을 수 있었다.

그러나 예수님은 다음과 같이 추가하신다. "또 이 우리에 들지 아니한 다른 양들이 내게 있다."

이 부분에 대한 많은 해석을 살펴보았다. 어떤 해석은 매우 이상했다. 하지만 예수께서 유대인 청중에게 말씀하셨다는 점을 고려한다면 이해하기 쉬운 말씀이라고 생각한다. 예수님은 새 언약의 신비를 말씀하신 것이었다.

하나님의 양은 단지 이스라엘에 국한되지 않으며 모든 방언과 족속과 열방까지 포함한다. 그분은 이방인들 가운데서도 양들을 그분의 몸인 교회로 인도하실 것이다. 그분의 교회에는 오직 한 무리, 한 목자만 있다. 이방인과 유대인의 목자가 따로 있는 것이 아니다. 오직 한 무리와 한 목자가 있으며 모든 백성이 그 목자에게 속했다.

언젠가 제임스 몽고메리 보이스 박사의 라디오 방송을 들은 적이 있다. 거기서 그는 그리스도인들이 자신이 행하는 한 길만이 하나님께서 기뻐하시는 길이라고 생각하는 경향이 있다는 이야기를 했다. 이를테면 어떤 사람이 하나님 나라의 사역을 우리가 하던 방식과 조금 다르게 하는 것을 보고 그는 처음부터 하나님 나라에 속한 자가 아닐지도 모른다고 생각하는 것이다.

그러나 진실은 그 누구도 하나님에 관한 것을 완벽하게 이해하거나 알지 못한다는 것이다. 우리는 자신의 방식과 다른 교회나 사역을 보면(방식만 다를 뿐 그리스도의 사역을 하고 있는 이들) 기뻐해야 한다. 우리가 믿는 바가 진리라는 사실에 열정을 지녀야 하지만, 참된 그리스도인들 가운데 다양한 방식과 체계와 사역과 고려 사항이 있음을 인식해야 한다.

항상 서로 어울리지는 않겠지만 우리 모두는 그리스도 안에 있다. 우리 모두 동일한 무리에 속해 있으며 동일한 선한 목자를 바라본다. 그분이 우리에게 전진 명령을 내리시는 분이다.

예수님은 "내가 내 목숨을 버리는 것은 그것을 내가 다시 얻기 위함이니 이로 말미암아 아버지께서 나를 사랑하시느니라. 이를 내게서 빼앗는 자가 있는 것이 아니라 내가 스스로 버리노라. 나는 버릴 권세도 있고 다시 얻을 권세도 있으니"(요 10:17-18)라고 말씀하신다. 다시 한 번 파괴된 지 삼일 만에 다시 세우실 성전을 언급하신다.

당시에 이 말씀을 들은 사람 중 누가 과연 이 말씀의 참의미를 이해할 수 있었을까? 그리고 부활하신 주일 아침에 누가 이 말씀을 기억하지 못했을까?

"나는 버릴 권세도 있고 다시 얻을 권세도 있으니 이 계명은 내 아버지에게서 받았노라"(요 10:18).

우리는 또 다른 곳에서 예수님이 우리 영혼의 목자와 감독이 되신다는 사실을 듣는다. 이것이 하나님께서 그리스도에게 주신 소명이다. 그분은 하나님의 아들로서 하나님께 우리 영혼을 돌볼 책임과 권세를 얻으셨다. 그분은 우리 영혼의 선한 목자이시다.

예수께서 부활하신 후 제자들과 대화를 나누시다가 베드로에게 이렇게 세 번 물으신 적이 있다.

"요한의 아들 시몬아 네가 이 사람들보다 나를 더 사랑하느냐?"

예수님의 질문에 베드로도 세 번 대답했다.

"주님 그러하나이다. 내가 주님을 사랑하는 줄 주님께서 아시나이다"(요 21:15).

베드로의 대답에 예수님은 세 번이나 베드로에게(더 나아가 온 세대의 교회를 향해) 말씀하셨다.

"내 양을 먹이라."

그들은 베드로의 양이 아니다. 내 양도 아니다. 그들은 그분의 양이다. 우리는 이 선한 목자의 발자국을 따르라고 부름 받았다.

5.
부활과 생명

  이 장에서 우리는 예수께서 나사로가 죽은 후 베다니에서 마리아와 마르다를 방문하실 때 하셨던 중요한 말씀을 살펴볼 것이다.

  나사로의 죽음에 대해 예수님은 이렇게 말씀하셨다. "나는 부활이요 생명이니"(요 11:25).

  이 말씀의 맥락을 알아보기 위해 요한복음 11장을 더 깊이 살펴보아야 한다. 요한은 이 말씀을 기록하기 전에 나사로가 병이 들어서 여동생들이 예수님께 소식을 전하며 도와 달라고 하는 내용을 서술한다. 그들은 이렇게 요청했다. "주여, 보시옵소서. 사랑하시는 자가 병들었나이다"(3절).

예수께서 이 얘기를 들으시고 이렇게 반응하셨다. "이 병은 죽을병이 아니라 하나님의 영광을 위함이요 하나님의 아들이 이로 말미암아 영광을 받게 하려 함이라"(요 11:4).

물론 이는 격려하기 위함이셨다.

그러나 우리는 그다음 구절에서 다음과 같은 사실을 본다. "예수께서 본래 마르다와 그 동생과 나사로를 사랑하시더니 나사로가 병들었다 함을 들으시고 그 계시던 곳에 이틀을 더 유하시고"(5-6절).

다소 충격적이다. 우리는 당연히 나사로의 누이들이 기대한 것처럼 예수께서 즉시 오실 것이라 생각한다. 그러나 예수님은 이틀이나 더 그곳에 머무셨다.

> 그 후에 제자들에게 이르시되 유대로 다시 가자 하시니 제자들이 말하되 랍비여 방금도 유대인들이 돌로 치려 하였는데 또 그리로 가시려 하나이까? 예수께서 대답하시되 낮이 열두 시간이 아니냐? 사람이 낮에 다니면 이 세상의 빛을 보므로 실족하지 아니하고 밤에 다니면 빛이 그 사람 안에 없는 고로 실족하느니라. 이 말씀을 하신 후에 또 이르시되 우리 친구 나사로가 잠들었도다. 그러나 내가 깨우러 가노라. 제자들이

이르되 주여 잠들었으면 낫겠나이다 하더라. 예수는 그의 죽음을 가리켜 말씀하신 것이나 그들은 잠들어 쉬는 것을 가리켜 말씀하심인 줄 생각하는지라. 이에 예수께서 밝히 이르시되 나사로가 죽었느니라. 내가 거기 있지 아니한 것을 너희를 위하여 기뻐하노니 이는 너희로 믿게 하려 함이라. 그러나 그에게로 가자 하시니(요 11:7-15).

이것은 예수님과 제자들만 알아들을 수 있었던 비밀 표현이다.

제자들이 그곳에 함께 있지 않았던 것이 왜 기쁘셨을까?

제자들이 나사로의 죽음을 겪지 않아도 되었기에 그곳에 있지 않았던 것을 기뻐하신다는 뜻일까?

아니면 "빛 가운데 내가 어떻게 드러날 것인지 이제는 조금 깨닫지 않았느냐?"라고 말씀하고자 하셨던 것일까?

어느 쪽이든 예수께서는 "그에게로 가자"고 하셨다.

요한은 계속해서 이렇게 쓴다. "디두모라고도 하는 도마가 다른 제자들에게 말하되 우리도 주와 함께 죽으러 가자 하니라"(16절).

예수님의 제자들은 예수께서 유대 지방으로 돌아가시면

예루살렘과 상당히 가까워지기 때문에 예수님을 반대하는 권세자들로 인해 목숨이 위태로울 수 있다고 생각했다. 이것이 제자들이 예수께서 그곳으로 되돌아가시는 것을 반기지 않았던 이유다.

예수께서 나사로에게로 가자고 하셨을 때 도마는 제자들을 격려하여 주를 따르자고 말한다. 예수께서 만약 죽으신다면 제자인 그들도 곁에서 함께 죽을 수 있다는 사실을 믿었기 때문이다. 물론 도마의 태도와 이해는 불과 며칠 안에 극적으로 뒤바뀐다.

부활의 개념적 실재

예수께서 나사로의 집에 오신 후의 기록을 살펴보자. "예수께서 와서 보시니 나사로가 무덤에 있은 지 이미 나흘이라"(요 11:17).

별로 특별해 보이지 않는 이 구절은 고대 유대인들에게 매우 중요한 정보였다.

당시 대다수의 셈족은 사람이 죽으면 영혼이 떠나지만 며칠 동안은 계속 몸을 찾아온다는 믿음을 가지고 있었다. 하지만 나흘이 지나면 시신의 부패가 명백하게 시작되고, 이때 영혼이 몸을 완전히 버린다고 믿었다. 물론 나흘이 지나기 전까지는 온전히 죽은 것이 아니라고 믿었다는 뜻은 아니다. 단지 그 후에는 부활이 불가능하다고 생각했다. 따라서 요한은 이러한 세부 정보를 통해 시신의 부패가 시작되었음을 알 수 있게 해 준 것이다.

"베다니는 예루살렘에서 가깝기가 한 오 리쯤 되매"(18절).

예루살렘에 가 본 적이 있다면 예루살렘과 감람산 사이에 아주 깊은 골짜기, 기드론 골짜기가 있고 감람산 반대편 언덕에 베다니라는 마을이 있다는 사실을 알고 있을 것이다. 베다니에서 바라보면 골짜기 반대편에 예루살렘 구시가지가 보인다. 손쉽게 걸어갈 수 있는 짧은 거리였다.

"많은 유대인이 마르다와 마리아에게 그 오라비의 일로 위문하러 왔더니"(19절). 많은 유대인이 감람산을 올라 베다니에 있는 마르다와 마리아의 집을 찾아왔다.

"마르다는 예수께서 오신다는 말을 듣고 곧 나가 맞이하되 마리아는 집에 앉았더라"(20절).

마르다는 예수님이 오셔서 오라버니인 나사로의 병을 고쳐 주시기를 절실히 바랐던 동생이다. 그녀는 오빠의 죽음

뿐 아니라 자신의 기대를 저버린 예수님에 대해서도 속상한 마음이 들었다.

그래서 예수님을 만나자마자 원망했다. "마르다가 예수께 여짜오되 주께서 여기 계셨더라면 내 오라버니가 죽지 아니하였겠나이다. 그러나 나는 이제라도 주께서 무엇이든지 하나님께 구하시는 것을 하나님이 주실 줄을 아나이다"(요 11:21-22).

예수님을 질책하면서도 동시에 이렇게 말한 것이다. "하나님의 뜻이라면 무엇이든 받아들이겠습니다. 그리고 예수님께서 하나님께 구하시는 모든 것을 하나님께서 주실 줄 알고 있습니다."

이에 예수님은 이렇게 답하셨다. "네 오라비가 다시 살아나리라"(23절).

본문에는 마르다가 정말로 예수님께서 나사로를 부활시키실 거라 믿은 것이라고 생각할 어떤 근거도 없다. 오히려 그녀가 오라버니의 부활을 기대한 것이 아니라고 생각되는 이유 중 하나는 다음과 같은 그녀의 말이다. "마지막 날 부활 때에는 다시 살아날 줄을 내가 아나이다"(24절).

다시 말하면 그녀는 이렇게 말한 것이었다. "예, 주님, 저는 미래에 다시 살 것을 믿습니다. 그때 오라버니도 다시 살아날 것을 믿습니다."

우리가 이 시점에서 기억해야 할 것은 이스라엘 사람 모두가 미래의 부활을 믿은 것은 아니었다는 사실이다. 유대인 지도자들 중 바리새인들은 부활을 믿었지만 사두개인들은 믿지 않았다. 다만 마르다는 바리새인들처럼 미래의 부활을 믿었다.

바로 그 순간 예수께서 '에고 에이미'를 말씀하신다. 예수께서는 "마지막 때에 나사로를 살릴 이가 바로 나란다."라고 하지 않으셨다. 도리어 이렇게 말씀하셨다.

"나는 부활이요 생명이니"(25절).

이는 이제까지 우리가 살펴본 '에고 에이미' 강화들처럼 충격적인 진술이자 선포다.

예수님은 단지 이 세상에 빛을 주러 오신 것이 아니다. 그분 자신이 세상의 빛이시다. 단지 영원한 생명으로 향하는 문을 통과할 수 있도록 돕는 분이 아니라 그분 자신이 문이시다.

이는 당시 사람들에게 일반적으로 사용되는 관용 표현이었다.

5. 부활과 생명   73

만약 누군가가 어떤 것과 매우 깊이 연결되어 있다면 그 사람을 그것과 동일시하여 불렀다.

예를 들면 요한일서에는 "하나님은 사랑이심이라"(요일 4:8)라는 표현이 있다. 관용적으로 요한이 의미한 바는 하나님께서 너무나 깊이 사랑과 연결되어 있으셔서 그분은 사랑이라는 개념의 실재라는 뜻이다.

이처럼 예수님은 죽음과 영생을 다스리는 권세와 깊이 연결되어 있으시기에 이렇게 말씀하신 것이다. "내게는 죽은 자를 다시 살리는 능력이 있을 뿐 아니라 나 스스로를 죽음 가운데서 살릴 능력도 있다. 그러니 내가 부활이다."

부활의 소망

구약성경에서 욥은 다음과 같은 질문을 제기했다. "장정이라도 죽으면 어찌 다시 살리이까?"(욥 14:14)

이 질문은 죽음을 경험한 모든 사람에게 드는 생각이다. 모든 문화와 종족과 문명에서 죽음과 사후 세계에 대해 고민하는 사람들을 찾을 수 있다. 이는 분명한 질문이다. '죽으면 그것으로 끝인가? 내 존재는 태어남과 죽음 사이에 존

재하는 모든 것의 총합에 불과한가? 아니면 그 후에도 무언가가 있는 것인가?'

생명은 너무도 소중하기에 모든 인간의 가슴에는 무덤을 이기는 소망이 박동하고 있다.

철학자 플라톤의 글을 보라. 그는 소크라테스의 죽음에 관해 이야기하며 죽음 이후의 생에 대한 철학적 논의를 전개한다. 비유로 풀어낸 이 이야기는 자연계의 삶과 죽음의 순환에서 빌려온 것이다.

풀이 자라기 위해서는 씨앗이 뿌려져야 하고, 그 씨앗이 죽어야 한다. 씨앗이 죽으면 껍질은 썩고 씨는 발아하면서 새로운 생명이 올라오게 된다. 자연에서 우리는 생과 죽음의 비유를 보는 동시에 바울이 지적한 것도 본다.

이 땅에 사는 생명에는 다양한 종류가 있다. 만약 우리가 생물학이나 동물 생태학을 연구한다면 수많은 생명체가 이 행성에 서식하고 있음을 알 수 있을 것이다.

따라서 이 질문은 언제나 떠오른다.

죽음은 과연 우리가 아는 모든 존재의 마지막인 것일까? 아니면 혹시 그 후에 무언가가 더 있을까? 자연계에서 한 존재가 죽으면 다른 존재로 형태가 변하고 다시 변이하여 또 다른 존재로 나타나는 것처럼 말이다.

고대의 피타고라스학파는 윤회를 믿었다. 그것은 영혼이 계속해서 육신을 입는, 영혼의 환생이라 부르는 것이었다. 그러나 이 모든 것이(플라톤과 피타고라스학파의 견해) 결국은 사변적인 것일 뿐이다. 죽음 후 생에 대한 가장 큰 소망은 신약성경이 우리 앞에 펼쳐 보이는 그리스도의 역사적 부활에서 발견할 수 있다.

신약성경은 이를 고립된 하나의 사건으로 보지 않으며 수많은 사람에게 일어날 유사한 사건의 첫 경우라고 가르친다. 예수님은 우리를 위하여 죽은 자 가운데서 다시 살아나셨다. 이로 인해 우리도 부활에 참여할 수 있게 되었다. 이것이 기독교 신앙이 소유한 소망의 핵심이다.

우리는 1세기 그리스도인들이 순교를 두려워하지 않았던 이유 중 하나가 부활에 대한 확신 때문이었음을 알고 있다. 그들은 죽음이 마지막 심판 선언이 아니라는 사실을 알았다. 그들은 죽음이 사탄의 승리를 의미하는 것이 아니라 오히려 사탄의 패배를 의미한다고 믿었다.

그리스도를 믿는 신자들에게 죽음은 생의 끝이 아니라 현재 이 땅에서 누리는 존재가 영원한 존재로 이행하는 과정일 뿐이다. 그리고 이 모든 내용은 하나의 논의로 귀결되는 것이 아니라 **한 사람**에게로 귀결된다.

예수께서 장차 있을 부활을 염두에 두고 "나는 부활이요 생명이다."라고 하셨을 때 그분은 이미 생명의 창시자이심을 가르치셨다. 예수님은 이 땅에 생명이, 영적이고 영원한 생명이 사람들에게 실재가 되게 하시기 위해 오신 것이다. "내가 온 것은 양으로 생명을 얻게 하고 더 풍성히 얻게 하려는 것이라"(요 10:10).

영원한 생명

예수님은 다음과 같이 말씀하시며 논의를 확장시키신다. "예수께서 이르시되 나는 부활이요 생명이니 나를 믿는 자는 죽어도 살겠고 무릇 살아서 나를 믿는 자는 영원히 죽지 아니하리니 이것을 네가 믿느냐?"(요 11:25-26)

이 말은 얼핏 보면 모순된 것 같다. 예수님께서 자신을 믿으면 죽더라도 살게 될 것이라고 말씀하시는 것이기 때문이다. 뿐만 아니라 우리가 그분을 믿으면 영원히 죽지 않으리라고 하신다.

하지만 예수님이 여기에서 말씀하시는 것은 그분 안에 있는 자들, 믿음 안에 있는 자들은 (어떤 측면에서) 결코 죽지 않으리라는 것이다.

또 다른 측면에서는 그들도 불신자들처럼 죽지만 그럼에도 계속해서 살 것이라는 것이다.

여기 담긴 의미는 믿음이 마음 가운데 탄생하는 그 순간 영혼에서 '**조에**'(Zôê, 예수님이 사람들에게 주시는 영생)가 시작된다는 것이다.

'**조에**'는 죽음으로 소멸되지 않는다. 육신적 죽음은 그리스도께서 신자 안에 넣어 두신 생명을 파괴할 수 없다. 육신으로 죽을 때조차 우리는 죽지 않는다.

부활 이면에는 그리스도께서 주신 개개인의 존재가 연속성을 지닐 것이라는 약속이 있다.

당신의 몸이 죽는 날은 당신이 죽는 날이 아니다. 그날은 이제까지 경험해 보지 못한 실재를 온전히 의식하게 되는 날일 것이다. 참으로 하나님께서 우리를 생명체로 만들어 살기 원하셨던 궁극적 생은 우리가 이 베일을 걷어 내기 전에는 시작도 하지 않은 것이다.

그래서 바울은 두 세계 가운데서 둘로 찢어지는 것 같다고 말한 것이다. 이 고백에서 바울의 갈등이 표현된다. "내가 그 둘 사이에 끼었으니 차라리 세상을 떠나서 그리스도와 함께 있는 것이 훨씬 더 좋은 일이라"(빌 1:23).

한편으로 바울은 이 세상을 떠나고 싶은 깊은 열망을 전달하면서 동시에 이곳에 남아 더 많은 필요가 있는 교회를 섬기고자 하는 열망도 표현하고 있다. 그의 사역은 끝나지 않았지만 간절히 예수님을 보고 싶었고, 그분과 함께하고 싶었다. 바울의 소망은 예수님의 약속에 기초한 것이었다.

예수님은 자신의 죽음을 앞두고 제자들에게 이렇게 말씀하셨다. "내 아버지 집에 거할 곳이 많도다. 그렇지 않으면 너희에게 일렀으리라. 내가 너희를 위하여 거처를 예비하러 가노니"(요 14:2).

또한 마르다를 위로하시며 이렇게 말씀하셨다. "마르다야 보거라. 우리는 장차 올 부활에 대해 이야기하고 있는 것이 아니다. 네가 말하고 있는 내가 바로 부활이자 생명이란다." 그리고 물으셨다. "네가 이것을 믿느냐?"

그러자 마르다가 대답했다. "예, 주님, 저는 주님이 그리스도이시며 하나님의 아들로 이 땅에 오셨음을 믿습니다."

마르다는 이 고백을 하면서 자매 마리아를 부르러 가서

조용히 말했다. "선생님이 오셔서 너를 부르신다"(요 11:26-28 참조).

이어지는 내용은 마르다가 슬퍼하며 말한 21절을 마리아가 반복하는 것이다. "주께서 여기 계셨더라면 내 오라버니가 죽지 아니하였겠나이다"(32절).

여기서 우리는 예수께서 자신에 대해 선언하신 것, 그분 자신이 부활이신 것을 성취하심을 보게 된다.

예수께서 그가 우는 것과 또 함께 온 유대인들이 우는 것을 보시고 심령에 비통히 여기시고 불쌍히 여기사 이르시되 그를 어디 두었느냐? 이르되 주여, 와서 보옵소서 하니 예수께서 눈물을 흘리시더라. 이에 유대인들이 말하되 보라, 그를 얼마나 사랑하셨는가 하며 그중 어떤 이는 말하되 맹인의 눈을 뜨게 한 이 사람이 그 사람은 죽지 않게 할 수 없었더냐 하더라. 이에 예수께서 다시 속으로 비통히 여기시며 무덤에 가시니 무덤이 굴이라 돌로 막았거늘 예수께서 이르시되 돌을 옮겨 놓으라 하시니 그 죽은 자의 누이 마르다가 이르되 주여 죽은 지가 나흘이 되었으매 벌써 냄새가 나나이다. 예수께서 이르시되 내 말이 네가 믿으면 하나님의 영광을 보리라 하지 아니하였느냐 하시니 돌을 옮겨 놓으니 예수께서 눈을 들어 우러러 보시고 이르시되 아버지여, 내 말을 들으신 것을 감사하나이다. 항상 내 말을 들으시는 줄을 내가 알았나이다. 그러나 이 말씀 하옵는 것은 둘러선 무리를 위함이니 곧 아버지께서 나를 보내신 것을 그들로 믿게 하려 함이니이다. 이 말씀을 하시고 큰 소리로 나사로야 나오라 부르시니(요 11:33-43).

예수님은 나사로의 시신이 안치된 열린 무덤 앞에서 작은 소리로 속삭이지 않으셨다. 무덤을 향해 **소리치셨다.**

"나사로야 나오너라!"

여기서 잠시 멈추어 전능하신 하나님께서 우주를 창조하실 때 행하신 것도 이와 동일했다는 사실을 기억할 필요가 있다.

하나님은 무(nothing)에서 말씀의 능력만으로 우주를 창조하셨다. 그분의 말씀만으로 존재하는 모든 것을 창조하셨을 뿐 아니라 말씀인 예수 그리스도로 나사로의 시신에 능력을 더하사 다시 살게 하신 것이다.

예수께서 우렁찬 소리로 소리치시자마자, 죽은 나사로를 향해 하나님으로서 명령을 내리시자마자 나사로의 심장이

다시 박동하며 온몸에 피를 공급하기 시작했다. 뇌 활동이 재개되었다. 부패되고 있던 조직이 회복되었다. 뼈가 다시 힘을 얻었다. 죽어서 긴 천으로 손과 발이 꽁꽁 묶인 나사로는 그렇게 살아 나왔다. 예수께서 거기 있던 사람들에게 말씀하셨다. "풀어 놓아 다니게 하라"(요 11:44).

당신도 죽음 앞에서 예수 그리스도의 능력을 보고 싶지 않은가?

훗날 밧모섬에 있던 요한에게 계시록 1장에서 나타나신 그리스도는 이렇게 자기 자신을 드러내신다.

요한은 그리스도를 보았을 때 자신이 그리스도의 발 앞에 죽은 것같이 쓰러져 있었다고 기록했다. 그러나 예수께서 손을 뻗어 말씀하신다. "두려워하지 말라. 나는 처음이요 마지막이니 곧 살아 있는 자라. 내가 전에 죽었었노라. 볼지어다, 이제 세세토록 살아 있어 사망과 음부의 열쇠를 가졌노니"(계 1:17-18).

부활이자 생명이신 그분이 열쇠로 무덤을 열고 죽음의 권세를 이기셨기에 우리는 더 이상 두려워할 필요가 없다. 그리스도인에게 부활은 최고의 인생으로 들어가는 놀라운 출입구다.

이는 기독교 신앙의 중심부에 위치한다. 이것 없는 기독교는 현대인의 눈에 공허하고, 현실과 무관하며, 무의미한 윤리로 비칠 뿐이다. 생이 있는 한, 그리고 죽음이 있는 한, 부활과 생명이신 예수 그리스도와 상관이 없는 사람은 단 한 명도 없을 것이다.

6.
길과 진리, 그리고 생명

우리는 지금 계속해서 예수님의 '에고 에이미' 강화를 살피고 있다. 이번 장에서 우리가 집중할 것은 여러 속성이 한데 엮여 있는 것으로, 성경 전체에서 가장 잘 알려진 장 중 하나인 요한복음 14장에 등장하는 내용이다.

요한복음 14장의 시작 부분은 우리에게 매우 친숙하다. 이 '다락방 강화'는 예수께서 사람들에게 배신과 체포를 당하고 재판에 넘겨지시던 날 밤 제자들에게 하신 말씀으로 시작한다.

너희는 마음에 근심하지 말라. 하나님을 믿으니 또 나를 믿으

라. 내 아버지 집에 거할 곳이 많도다. 그렇지 않으면 너희에게 일렀으리라. 내가 너희를 위하여 거처를 예비하러 가노니 가서 너희를 위하여 거처를 예비하면 내가 다시 와서 너희를 내게로 영접하여 나 있는 곳에 너희도 있게 하리라. 내가 어디로 가는지 그 길을 너희가 아느니라(요 14:1-4).

이것이 이번 '에고 에이미' 강화의 시작이다.

예수께서 자신의 죽음을 위해 제자들을 준비시키시며 자신이 얼마 지나지 않아 떠날 것을 말씀하신다. 제자들은 예수께서 어디로 가시는지 알아야 했다. 예수님께서 아버지 집에 자신들을 위한 거처를 예비하러 가는 것이라고 말씀하셨기 때문이다.

길을 알다

도마는 이 말씀이 혼란스럽고 당혹스러웠다. 그래서 다음과 같이 말했다.

"주여, 주께서 어디로 가시는지 우리가 알지 못하거늘 그 길을 어찌 알겠사옵나이까?"(요 14:5)

'길'은 초대교회에서 매우 중요한 개념이었다. 이에 관한 내용은 예수님께서 "나는 양의 문이라"고 말씀하신 부분을 다루면서 살펴보았다. 여기서 문은 왕국으로 들어가는 방편을 이야기하는 것이었다.

초대교회에서 그리스도 안에 있는 신자들이 원래부터 "그리스도인"이라고 불렸던 것은 아니다. **그리스도인**이라는 호칭은 원래 멸시하는 말이었다. 그리스도를 따르는 사람들을 대적하는 사람들이 그들을 모욕하기 위해서 사용한 말이었다.

안디옥에서 먼저 "그리스도인"이라 불렸다. 그 전에는 "길의 사람들"이라 불렸는데 이는 예수께서 자신을 하나님의 길, 하나님 나라의 길, 그리고 아버지께로 가는 길로 말씀하셨기 때문이다.

그래서 도마가 묻는다.

"우리가 그 길을 어떻게 알 수 있습니까? 우리에게 지도라도 주십시오. 방향을 알려 주십시오. 어떻게 그곳으로 갈 수 있는지 알 수 있는 건가요?"

바로 이런 맥락에서 예수께서 도마의 질문에 이렇게 답하신 것이었다.

"내가 곧 길이요 진리요 생명이니"(요 14:6).

그리스도만이 길이라는 말에는 이러한 의미가 포함되어 있다. "나로 말미암지 않고는 아버지께로 올 자가 없느니라"(6절). 예수님은 자신을 하나님 나라에 들어가기 위해 통과해야 하는 문으로 설명하실 때도 동일하게 말씀하셨다. 여기서도 더할 나위 없이 명백하게 말씀하신다. "나로 말미암지 않고는 아버지께로 올 자가 없느니라."

이 말은 현대 서구의 다원주의가 가고자 하는 방향과 정면으로 충돌한다. 그래서 어떤 사람들의 귀에는 다소 거슬릴 수 있다.

교회는 갈수록 모든 것을 포용하자는 신학에 지배당하고 있다. 세상의 종교는 모두 똑같이 참되고 의미 있다는 것이다. 이는 예수께서 죽기 전날에 하셨던 말씀의 배타성과 거리가 있는 주장이다.

오늘날의 문화는 천국으로 갈 수 있는 많은 길이 있다고 말한다. 천국은 산꼭대기에 있으며 그 정상으로 향하는 길은 여러 개일 수 있다고 말한다.

그러나 예수님은 다르게 말씀하신다. 길은 단 하나이며 자신이 바로 그 길이라고 말이다.

여기서 말씀하시는 **길**이란 그런 의미다. '가고자 하는 목적에 도달하기 위해 반드시 택해야 하는 것'이란 의미다.

예수님은 여느 길, 여느 통로가 아니다. 그분은 **단 하나의 길**이자 통로이시다.

이것이 예수께서 도마에게 대답하신 바다. "너희가 나를 알았더라면 내 아버지도 알았으리로다. 이제부터는 너희가 그를 알았고 또 보았느니라"(7절).

이는 예수께서 하신 가장 급진적인 말씀 중 하나다. 이제부터 제자들은 자신이 아버지를 보았노라고 말할 수 있게 되었다.

빌립은 예수께 이렇게 답한다. "주여, 아버지를 우리에게 보여 주옵소서. 그리하면 족하겠나이다"(8절).

이는 마치 이렇게 말하는 것과 같다.

"지난 3년 동안 당신과 함께 있으면서 우리 두 눈으로 목격한 것들을 믿을 수가 없습니다. 우리는 당신이 죽은 자를 살리는 것을 보았습니다. 눈먼 자가 보게 되었고 듣지 못하는 자가 듣게 되었습니다. 우리는 당신이 물위를 걷는 것을 보았고 우리 중 몇몇은 당신이 변모하는 것을 직접 목격했습니다. 우리는 놀라운 일들을 보았습니다. 그렇지만 만족

할 수 없습니다. 정말 큰 것을 원합니다. 모세마저도 거절당했던 것을 원합니다. 아담과 하와가 동산에서 쫓겨난 이후 단 한 사람에게도 허락되지 않았던 것을 원합니다. 우리는 하나님을 보기 원합니다. 우리가 그분을 보게 된다면 순종하는 삶에 이를 뿐 아니라 우리 영혼이 만족하게 될 것입니다." 제자들은 여러 차례 이렇게 말했다. "이것 하나만 들어주시면 더는 요청하지 않겠습니다."

우리는 사람이 원래 그렇다는 사실을 알고 있다. 우리도 하나님께 몇 번이나 이렇게 말하지 않았는가? "하나님, 이 기도 한 번만 응답해 주십시오. 더 이상은 아무것도 요구하지 않겠습니다."

그리고 하나님께서 응답하시면 이튿날 우리는 또다시 요청한다. "딱 하나만 더요."

우리는 멈출 줄을 모른다. 그와 동일하게 빌립이 이렇게 말한다.

"아버지를 보여 주옵소서. 그러면 족하겠습니다."

예수께서 가장 인내하지 못하시고 제자들에게 짜증을 내시듯 말씀하신 곳이 있다면 바로 이곳이 아닐까 싶다.

여기서 내가 예수님의 대답을 부정적으로 해석하는 것은

본문에서 비언어적인 몸짓이나 음성의 변화 등이 전달되지 않기 때문이다.

우리는 목소리의 톤을 바꾸거나 눈썹을 치켜올리는 것으로도 얼마든지 냉소적으로 표현할 수 있다. 의사소통 중에는 이런 미묘한 낌새들을 알아챌 수 있지만 성경은 우리에게 그런 것들을 드러내 주지 않는다.

그럼에도 예수님은 빌립에게 다음과 같이 큰 책망을 하신다. "빌립아, 내가 이렇게 오래 너희와 함께 있으되 네가 나를 알지 못하느냐?"(요 14:9).

이어서 매우 극적인 내용이 추가된다. "나를 본 자는 아버지를 보았거늘 어찌하여 아버지를 보이라 하느냐?"(9절)

예수님은 사실상 이렇게 말씀하신 것이다. "이제까지 내가 무엇을 해 왔다고 생각하는 것이냐? 지금 네가 말하고 있는 내가 바로 하나님의 성육신이다. 네가 말하고 있는 내가 그 위격의 형상이다. 네가 말하고 있는 내가 바로 보이지 않는 하나님이 보이게 나타난 것이다."

이는 예수께서 하신 말씀 중 가장 특별하다.

나는 사람들이 예수께서 한 번도 신약성경에서 자신의 신성을 언급하신 적이 없다고 말할 때마다 놀라움을 금할 수 없다. 그렇게 이야기하는 사람들은 지성적으로 부정직한 것이다.

예수님은 명백하게 이곳과 또 다른 곳에서 주장하셨다. 당신이 예수님을 보았다면 아버지를 본 것이다.

> 내가 아버지 안에 거하고 아버지는 내 안에 계신 것을 네가 믿지 아니하느냐? 내가 너희에게 이르는 말은 스스로 하는 것이 아니라 아버지께서 내 안에 계셔서 그의 일을 하시는 것이라. 내가 아버지 안에 거하고 아버지께서 내 안에 계심을 믿으라. 그렇지 못하겠거든 행하는 그 일로 말미암아 나를 믿으라(요 14:10-11).

아버지와 아들 사이에는 삼위일체 내적 연합이 있다. 따라서 만약 아들을 보았다면 아버지를 본 것이다. 만약 아들을 알았다면 아버지를 안 것이다.

이것이 예수께서 바리새인들에게 주장하시던 핵심이었다. 그들은 아버지 하나님의 제자라고 자칭했지만 예수님을 거부했기 때문이다.

참진리이신 분

예수께서 "내가 곧 길이요 진리요 생명이니"라고 말씀하신 내용으로 돌아오자.

나는 "내가 곧 … 진리요"라는 이 선언이 가장 중요한 '에고 에이미' 강화 중 하나라고 생각한다. 여기서 예수님은 자신을 진리와 동일시하신다.

1970년대 초, 리고니어 미니스트리(Ligonier Ministries)는 웨스턴 펜실베이니아라는 도시에서 성경 무오에 대한 세미나를 진행하면서 전 세계의 학자들을 초청해 논문을 발표하는 시간을 가졌다. 미리 짠 것도, 계획한 것도 아니었지만 당시 성경의 권위를 변호했던 사람들은 하나같이 예수님의 권위에 의존했다.

예수님은 성경이 하나님의 참되며 나뉠 수 없는 말씀이라고 믿으셨다. 내가 고등비평 이론을 배울 때도 예수님의 성경관은 1세기 유대인들이 가졌던 성경관, 즉 하나님의 영감을 받은 말씀이라는 생각과 동일하다는 것이 비평학자들의 일반적인 견해였다.

그들은 예수님이 그분의 인성으로 말미암아 전지하지 않

으셨다고, 모든 것을 다 알지는 못하셨다고 말했다. 그래서 성경이 하나님의 영감을 받지 못했다는 사실을 알 수 없었다고 말이다. 예수께서 "모세가 나에 대하여 기록하였다"고 말씀하신 것은 당대 사람들과 동일하게 모세가 신명기를 쓰지 않았다는 사실을 모르셨기 때문에 일반적인 잘못을 저지른 것이라고 믿는다. 쉽게 말해 그들은 예수께서 성경이 어떻게 기록되었는지에 대한 판단이 완전히 잘못되었다고 믿는다.

물론 고등비평 학자들이 예수의 인성이 전지하지 않았다고 말하는 것은 옳다. 예수께서 그분의 인성으로 인하여 알 수 없는 것들이 있었다고 주장한 것은 옳다.

신성은 전지하지만 인성은 그렇지 않다. 인성이 전지하지 않기 때문에 비평이론가들이 추론하기에 예수께서 모르시는 부분이 있는 것이 자연스러웠던 것이다.

우리 주님이시자 구원자이신 예수님은 모르시는 것도 있었다. 알 수 없는 지식을 주장하실 수 없었다. 그럼에도 그분은 하나님의 백성들에게 절대적인 권위로 가르치셨다. 그분은 하나님의 백성들에게 성경에 대해 가르치셨고 비평 학자들에 따르면 때론 잘못된 것을 가르치셨다.

사람이 무지로 변명할 수 없는 까닭은 만약 내가 어떤 것을 모르더라도 그것을 모른다는 사실만큼은 알고 있어야 하기 때문이다. 내가 확실히 알고 있다고 말하는 것은 내 지식의 한계로 그 범위가 한정되어야 한다.

하지만 예수께는 그런 한계가 없었다. 예수님은 "내가 진리다."라고 말씀하셨다. 즉 자신이 진리와 동일하다고 말씀하신 것이다.

본디오 빌라도 앞에서 예수님이 재판을 받으실 때, 빌라도는 예수께 '네가 과연 왕이냐'고 물었다. 그러자 예수님은 이렇게 답하셨다. "내가 이를 위하여 태어났으며 이를 위하여 세상에 왔나니 곧 진리에 대하여 증언하려 함이로라" (요 18:37).

우리는 진리가 경멸당하고 죽어서 거리에 나뒹구는 시대를 살고 있다. 교회 안에 있는 사람들도 중요한 것은 교리가 아니라 교제라고 말한다. 진리는 더 이상 중요하게 여겨지지 않는다. 물론 여기서 중요하다는 건 중요한 진리라는 뜻이다!

그러나 진리를 깨닫지 못한 채 인생의 원리를 평가할 방법은 없다. 하나님의 진리야말로 우리가 서로 어떻게 교제

할 것인지를 정의내리는 기준이어야 한다.

교제와 진리를 서로 배치되는 것으로 여긴다면 하나님께서 하나로 묶으신 것을 찢어 나누는 것이다. 진리와 교제는 함께 가야 한다. 하나님의 백성들에게 동일하게 거룩한 것이다. 그리스도를 멸시하지 않으면서 어떻게 진리를 멸시할 수 있겠는가? 그분이 진리이신데 말이다.

이 지식에서 나는 커다란 위로를 얻는다. 성경이 가르치는 모든 원리가 실제로는 우리 문화 어딘가에서 부인당하고 있기 때문이다.

당신은 무엇이 진리인지 어떻게 알 수 있는가?

우리는 근원으로 돌아가야 한다. 진리의 근원으로, 진리의 근원 자체이신 그분께로 돌아가야 한다. 진리의 화신은 바로 그리스도시다. 그분은 진리 그 자체의 성육신이시다.

"나는 … 생명이다."라고 하신 말씀에서 예수님은 다시 한 번 우리가 "나는 부활이다." 그리고 "나는 선한 목자다."를 공부하며 살펴보았던 원리를 소개해 주신다.

그리스도를 떠나서는 생명 자체가 존재할 수 없다. 영적 생명뿐 아니라 그 어떤 생명도 존재할 수 없다. 그분을 떠나서는 생명이라는 것 자체가 있을 수 없다.

예수님은 제자였던 도마와 빌립에게, 마지막 만찬 자리에서 혼란스러워했던 그들에게 말씀하셨다. "내가 곧 길이요 진리요 생명이니." 이 세 가지 모두 그리스도 안에서 그 본질과 실체를 발견할 수 있다.

7.
참포도나무

이제까지 우리가 살펴본 '**에고 에이미**' 강화는 모두 일반적이지 않은 헬라어 구조에 의한 것이었다. 그리고 이는 구약성경에서 하나님의 거룩한 이름인 "나는 스스로 있는 자이니라"(출 3:14)를 의미하는 야훼(Yahweh)라는 단어와 동일한 표현이다. 요한복음 15장으로 넘어와서 예수님은 일곱 번째 '에고 에이미'를 말씀하신다.

나는 참포도나무요 내 아버지는 농부라. 무릇 내게 붙어 있어 열매를 맺지 아니하는 가지는 아버지께서 그것을 제거해 버리시고 무릇 열매를 맺는 가지는 더 열매를 맺게 하려 하여 그것을 깨끗하게 하시느니라. 너희는 내가 일러준 말로 이미 깨끗하여졌으니 내 안에 거하라. 나도 너희 안에 거하리라. 가지가 포도나무에 붙어 있지 아니하면 스스로 열매를 맺을 수 없음같이 너희도 내 안에 있지 아니하면 그러하리라. 나는 포도나무요 너희는 가지라. 그가 내 안에, 내가 그 안에 거하면 사람이 열매를 많이 맺나니 나를 떠나서는 너희가 아무것도 할 수 없음이라(요 15:1-5).

5절에서 예수님은 이렇게 말씀하신다. "나는 포도나무요 너희는 가지라." 이는 첫 절에서 스스로를 단지 포도나무가 아니라 "**참**포도나무"(저자 강조)라고 하신 것과 약간의 차이가 있다. 그래서 두 가지 중요한 사실이 '에고 에이미' 강화에서 벌어지고 있는 것을 알게 된다. 첫 번째는 본문이다. 간과하기 쉽지만 예수께서 "나는 참포도나무요"라고 말씀하신 진술 자체가 첫 번째 중요한 점이다.

일반적으로 누군가 이런 진술을 할 때는 다른 것과 선명한 대비를 주려는 의도가 있다. 예수님은 간단히(나중에는 그렇게 하시기도 했다) "나는 포도나무다."라고 하셨어도 된다. 하지만 "참"이라는 단어를 추가하심으로써 거짓 포도나무가 있다는 사실을 암시하셨다. 정말로 거짓 포도나무가 있었기 때문이다. 예수님의 말씀을 듣는 사람들은 예수께서 자신을 참포도나무라고 하셨을 때 이러한 암시를 알아들었을 것이 분명하다. 포도나무 비유는 유대인들에게 새로운 것이 아니었다. 이는 구약성경에서 수시로 하나님과 이스라엘, 즉 하나님과 그분의 백성 사이를 묘사하는 데 사용되던 비유였다. 그 비유에서 하나님은 포도 농장 농부이고 이스라엘은 포도나무였다.

부패한 포도나무

구약성경에서 이 개념을 올바로 잡기 위해 하나님과 이스라엘의 관계를 보여 주는 부분을 살펴보겠다. 시편 80편은 이렇게 시작한다. "이스라엘의 목자여, 귀를 기울이소서"(시 80:1). 예수께서 스스로를 선한 목자라고 하신 것처럼 시편 기자가 하나님을 목자라고 부르는 것이 흥미롭지 않은가? 시인은 계속해서 노래한다.

요셉을 양떼같이 인도하시는 이스라엘의 목자여 귀를 기울이

소서. 그룹 사이에 좌정하신 이여 빛을 비추소서. 에브라임과 베냐민과 므낫세 앞에서 주의 능력을 나타내사 우리를 구원하러 오소서. 하나님이여 우리를 돌이키시고 주의 얼굴빛을 비추사 우리가 구원을 얻게 하소서. 만군의 하나님 여호와여 주의 백성의 기도에 대하여 어느 때까지 노하시리이까? 주께서 그들에게 눈물의 양식을 먹이시며 많은 눈물을 마시게 하셨나이다. 우리를 우리 이웃에게 다툼거리가 되게 하시니 우리 원수들이 서로 비웃나이다(시 80:1-6).

시인은 낙심한 마음을 표현하고 있다. 하나님 앞에서 흐느끼고 있다. 이스라엘이 하나님의 진노와 심판을 겪고 있기 때문이다. 계속해서 시인은 다음과 같이 우리가 관심을 가지고 있는 이미지를 표현한다.

주께서 한 포도나무를 애굽에서 가져다가 민족들을 쫓아내시고 그것을 심으셨나이다. 주께서 그 앞서 가꾸셨으므로 그 뿌리가 깊이 박혀서 땅에 가득하며 그 그늘이 산들을 가리고 그 가지는 하나님의 백향목 같으며 그 가지가 바다까지 뻗고 넝쿨이 강까지 미쳤거늘(시 80:8-11).

이 이미지가 어떻게 출애굽을 상기시키는지 보이는가? 하나님께서는 그분의 백성, 곧 포도나무를 데리고 애굽에서 나오셔서 그들을 위한 땅, 곧 약속의 땅을 준비하셨다. 그곳은 포도나무가 깊이 박히고 땅에 가득하여 그 거룩한 땅을 가득 메울 정도로 충분한 여유가 있는 곳이었다. 당신은 포도밭 주인이 얼마나 세심하게 돌보며 적극적으로 노력하는지 느낄 수 있을 것이다. 여기서 우리는 하나님께서 그분의 포도나무가 열매를 가득 맺을 수 있게 하시는 것을 본다. 하나님께서 포도나무를 돌보시고 무럭무럭 자라게 하시며 땅을 뒤덮게 하신다. 시인은 기도를 계속한다.

만군의 하나님이여 구하옵나니 돌아오소서. 하늘에서 굽어보시고 이 포도나무를 돌보소서. 주의 오른손으로 심으신 줄기요 주를 위하여 힘있게 하신 가지니이다. 그것이 불타고 베임을 당하며 주의 면책으로 말미암아 멸망하오니 주의 오른쪽에 있는 자 곧 주를 위하여 힘있게 하신 인자에게 주의 손을 얹으소서. 그리하시면 우리가 주에게서 물러가지 아니하오리니 우리를 소생하게 하소서. 우리가 주의 이름을 부르리이다. 만군의 하나님 여호와여 우리를 돌이켜 주시고 주의 얼굴의 광채를 우리에게 비추소서. 우리가 구원을 얻으리이다 (시 80:14-19).

17절에서 "주의 오른손에 있는 자 곧 주를 위하여 힘있게 하신 인자에게 주의 손을 얹으소서."라고 한 것은 이스라엘이나 다윗을 가리킨 것일 수 있지만 장차 '인자'라는 이름으로 역사 속에 등장하실 메시아를 의미했을 수도 있다. 어떤 것이 사실이든 이 간구는 하나님께서 포도밭으로 돌아오셔서 심으셨던 것들을 구해 달라는 간구다.

이와 비슷한 기쁨의(혹은 슬픔의) 노래가 이사야서 5장에 있다.

> 나는 내가 사랑하는 자를 위하여 노래하되 내가 사랑하는 자의 포도원을 노래하리라. 내가 사랑하는 자에게 포도원이 있음이여 심히 기름진 산에로다. 땅을 파서 돌을 제하고 극상품 포도나무를 심었도다. 그중에 망대를 세웠고 또 그 안에 술틀을 팠도다. 좋은 포도 맺기를 바랐더니 들포도를 맺었도다. 예루살렘 주민과 유다 사람들아 구하노니 이제 나와 내 포도원 사이에서 사리를 판단하라. 내가 내 포도원을 위하여 행한

것 외에 무엇을 더할 것이 있으랴. 내가 좋은 포도 맺기를 기다렸거늘 들포도를 맺음은 어찌 됨인고. 이제 내가 내 포도원에 어떻게 행할지를 너희에게 이르리라. 내가 그 울타리를 걷어 먹힘을 당하게 하며 그 담을 헐어 짓밟히게 할 것이요 내가 그것을 황폐하게 하리니 다시는 가지를 자름이나 북을 돋우지 못하여 찔레와 가시가 날 것이며 내가 또 구름에게 명하여 그 위에 비를 내리지 못하게 하리라 하셨으니 무릇 만군의 여호와의 포도원은 이스라엘 족속이요 그가 기뻐하시는 나무는 유다 사람이라. 그들에게 정의를 바라셨더니 도리어 포학이요 그들에게 공의를 바라셨더니 도리어 부르짖음이었도다 (사 5:1-7).

시편 80편과 이사야 5장 모두에서 하나님이 자유를 주시고, 심으시고, 돌보시고, 물 주시고, 성장하게 하셨던 나라, 이스라엘에게 진노하시는 것을 본다. 하나님께서는 그들에게 열매를 기대하셨지만 얻은 것은 들포도밖에 없었다. 이스라엘은 부패한 포도나무가 되었다. 그래서 예수님이 오셔서 백성들에게 말씀하신 것이다. "나는 참포도나무요 내 아버지는 농부라."

참포도나무

이 진술의 급진적인 점은 예수님 스스로 이스라엘의 화신이라고 설명하신 것이다. 신약성경에서 종종 구약의 사건을 암시하며 예수님께 적용하는 것을 볼 수 있다. 예수님이 태어나시고 헤롯이 아기 예수를 죽이고자 했을 때 요셉이 꿈을 꾼 뒤 마리아와 아기를 데리고 애굽으로 도망갔던 사건을 기억해 보라. 이어서 헤롯이 죽고 안전해지자 요셉은 애굽에서 나와 아기를 데리고 약속의 땅으로 돌아가도 좋다는 말을 듣는다. "이는 주께서 선지자를 통하여 말씀하신 바 애굽으로부터 내 아들을 불렀다 함을 이루려 하심이라"(마 2:15; 호 11:1 인용). 다소 알아보기 힘들긴 하지만 그리스도께서는 이스라엘 민족과 관련하여 구약에서 일어난 모든 일의 화신이자 성육신이 되셨다. 그분은 메시아로서 그분의 백성들을 온전히 대표하셨으며 그런 의미에서 참이스라엘이셨다.

동일하게 요한은 복음서를 쓰면서 예수님을 **"말씀"**(하나님의 말씀이 육신이 된 분)이라고 부른다. "말씀이 육신이 되어 우리 가운데 **거하시매**"(요 1:14, 저자 강조). 여기서 '거하다'는 표현은 헬라어 동사 **스케노오**(skēnoō)인데 '천막을 치다', '성막을 펴다'라는 의미를 가진다. 그렇다면 요한은 이렇게 말한 셈이다. "예수께서 그분의 천막을 치시매." 혹은 "예수께서 그분의 성막을 우리 가운데 펴시매." 이렇게 하면서 요한은 구약의 성막에 관한 모든 경험이 천막 자체가 아니라 장차 오실, 회막으로 상징되는 모든 것의 화신을 가리킨다는 사실을 보여 주는 것이다. 그분은 바로 우리 가운데 거하시는 하나님, 임마누엘이시다.

열매 맺는 가지

요한복음 15장에서 예수님은 청중을 향해 다음과 같이 말씀을 시작하신다. "무릇 내게 붙어 있어 열매를 맺지 아니하는 가지는 아버지께서 그것을 제거해 버리시고 무릇 열매를 맺는 가지는 더 열매를 맺게 하려 하여 그것을 깨끗하게 하시느니라"(요 15:2). 포도밭에서 최상품 과실을 얻으려면 정기적으로 가지치기를 해야 한다. 심지어 열매를 맺고 있는 줄기라도 말이다. 열매를 맺는 줄기일수록 생산력을 끌어올리기 위해서 가지치기를 해 주어야 한다. 또한 포도나무에는 죽는 가지가 존재하므로 포도밭 농부는 그 죽은 가지들을 잘라내 주어야 한다. 그 가지들을 어디에 쓸 수 있겠는가? 죽은 나뭇가지들은 비참한 최후를 맞이하게 된다. 죽은 나뭇가지는 목수에게 가져가 장롱을 만드는 데 쓰라고 할 수도 없다. 완전한 무용지물이다. 그 가지들이 겨우 사용될 수 있는 곳은 불을 지피는 데뿐이다. 그래서 죽은 가지들은 포도나무에서 제거되어 불태워진다.

예수님은 교회에 관한 비유를 들고 계신다. 교회에는 양과 염소가 함께 존재한다는 사실을 기억하라. 알곡과 가라지가 함께 존재한다. 모든 교회에는 겉으로는 신앙을 고백하지만 참신앙이 없는 이들이 항상 존재해 왔다. 그들은 그리스도의 몸을 침입한 자들이다. 알곡 가운데 자라는 가라지들이다. 밭으로 와서 그 가라지들을 뽑아내는 것은 주님께 달려 있다. 여기서 우리가 얻는 경고는 참그리스도인으로 이루어진 교회 안에도 믿지 않는 사람들이 있을 것이라는 사실이다. 그들은 열매를 맺지 못한다. 그들은 신앙을 고백하지만 물을 머금지 않은 구름과 같다. 믿음의 모양은 있지만 어떤 열매도 맺지 못한다. 우리는 지금 열매 맺지 못하는 그리스도인에 대해 묘사하고 있는 것이 아니다. 열매를 맺지 않는 그리스도인은 애초에 존재하지 않기 때문이다.

만약 당신이 열매를 맺지 못한다면 그것은 당신이 신자가 아니라는 명백한 증거다. 스스로 참포도나무에 붙어 보려고 애쓰는 죽은 나뭇가지에 불과하다. 그 시도는 성공할 수 없을 것이다. 하나님께서 당신을 잘라 내실 것이다. 이스라엘에게 그렇게 하셨듯이 말이다. 그분은 이스라엘의 죽은 가지들을 모아 잘라 내어 불에 던지셨다.

예수께서 열매 맺지 못하는 가지를 잘라 낼 것이라고 말씀하셨을 때의 헬라어 원문에는 영어로 번역되기 힘든 언어유희가 존재한다. 예수님은 제자들에게 이렇게 말씀하셨다. "너희는 내가 일러준 말로 이미 깨끗하여졌으니"(요 15:3). '제거하다'라는 의미의 단어, 곧 깨끗하게 함, 가지를 침 등을 의미하는 단어 **'카타로스'**(katharos)에서 오늘날 우리가 사용하는 단어 **'카타르시스'**(catharsis)가 나왔다. 예수님은 제자들에게 이렇게 말씀하신 것이다. "나는 너희를 이미 깨끗하게 하였다." 그분의 참제자들은 그분이 하신 말씀으로 말미암아 이미 깨끗하게 되었다. 그런 다음 예수님은 이렇게 말씀하신다. "내 안에 거하라. 나도 너희 안에 거하리라. 가지가 포도나무에 붙어 있지 아니하면 스스로 열매를 맺을 수 없음같이 너희도 내 안에 있지 아니하면 그러하리라"(요 15:4). 만약 포도나무에 가지가 없다면 그 포도나무는 열매를 맺을 수 없다. 가지는 포도나무에 붙어 있어야 열매를 자라게 할 수 있고, 비로소 쓸모 있어진다. 그래서 예수님은 이렇게 말씀하신다. "나는 포도나무다. 너희는 내 안에 거해야 하고, 나도 너희 안에 거해야 한다. 너희가 그리스도인으로서 열매를 맺기 원한다면 나와 가까이 있어야 한다. 너희는 이미 깨끗하게 되었다. 이미 내 안에 있다. 그리고 나 또한 이미 너희 안에 있다."

당신이 '그리스도인으로서 얼마나 열매를 맺느냐'는 그리스도께 얼마나 가까이 있느냐, 그분의 말씀을 얼마나 섭취하느냐, 그리고 그분과 얼마나 친밀한 관계를 가지고 있느냐에 비례할 것이다. 만약 당신이 그분께 붙어 있지 않다면 거의 열매를 맺지 못할 것이다.

간혹 개신교도들 사이에서 선행을 하찮게 여기는 말을 듣는다. 종교개혁이라는 싸움을 치렀기에(우리 구원은 행위가 아니라 그리스도의 사역에 기초하므로 우리는 믿음으로만 구원을 얻는다는 것을 기억하라) 어떤 사람들은 우리가 그리스도 안에 있기만 하면 열매를 맺든 그렇지 않든 중요하지 않다고 생각한다. 물론 우리의 선행이 우리를 구원하는 것은 아니다. 그러나 우리는 선행을 할 수 있도록 이미 구원을 받은 자들이다. 그리스도께서 하신 일은 단지 우리 죄를 용서하신 것뿐 아니라 우리를 아들의 형상으로 다시 만드신 것이다. 만약 우리가 신약성경의 예수께서 가르치신 것을 공부한다면 그분이 계속해서 사람들에게 열매를 맺을 것과 행위로 믿음을 드러내라고 가르치셨음을 보게 될 것이다.

그리스도인은 그리스도 가까이에서 그분의 돌보심을 받아야 한다. 그렇게 사랑의 훈련을 받음으로써 그리스도인은 하나님 나라에 속한 열매를 맺게 된다. 하나님께서 교회에 원하시는 것은 들포도가 아니라 진짜 열매다.

8.
아브라함 전에 내가 있었느니라

 교회에서 '에고 에이미' 강화를 이야기할 때 일반적으로 열거되는 것들은 앞에서 이미 살펴본 일곱 번의 선언이다. 그러나 이 장에는 여덟 번째 '에고 에이미' 강화가 등장한다. 이는 구조적으로 다른 강화들과 차이를 보이지만, 여러 주석가들이 '에고 에이미' 목록에 추가시키는 말씀이다.

 앞에서 다룬 일곱 개의 '에고 에이미' 강화는 '에고 에이미'로 시작된다. 즉 "나는 포도나무요." "나는 선한 목자라." "나는 양의 문이라."와 같은 식이다. 하지만 여덟 번째 선언은 '에고 에이미'로 문장이 완료된다. 그리고 이 강화는 (내 생각에) 모든 강화 중 가장 강렬하다. "예수께서 (바리새인들에게)

이르시되 진실로 진실로 너희에게 이르노니 아브라함이 나기 전부터 내가 있느니라"(요 8:58).

이 선언의 중요성을 이해하기 위해서는 요한복음 8장 초반에 그리스도와 아브라함의 관계에 대한 논의가 어떻게 촉발되었는지 살펴보아야 한다. "그러므로 예수께서 자기를 믿은 유대인들에게 이르시되 너희가 내 말에 거하면 참으로 내 제자가 되고 진리를 알지니 진리가 너희를 자유롭게 하리라"(31-32절).

이 구절은 예수께서 하신 매우 중요한 말씀 중 하나다. 여기서 예수께서 사용하신 "거하면"이라는 조건은 중요한 필수 조건을 의미한다. "너희가 내 말에 거하면 참으로 내 제자가 되고"(31절). 참제자는 그리스도의 말씀을 대수롭지 않게 여기는 사람이 아니다. 그리스도의 참제자는 배우려는 자세를 유지하며 예수님의 발 앞에 거하는 자다.

계속해서 예수님은 다음과 같이 말씀하신다. "진리를 알지니 진리가 너희를 자유롭게 하리라"(32절). 이 말씀에서 예수님은 하나님께서 계시하시는 진리를 받아들이는 자에게 주시는 해방을 말씀하신다. 이 약속은 예수님을 믿는 자, 곧 그분의 참제자들에게 주어졌다.

예수님을 믿지 않는 사람들에게 이 말씀은 도발적으로 들렸다. 그들은 화가 났다. 그래서 이렇게 답한다. "대답하여 이르되 우리 아버지는 아브라함이라"(39절). 아브라함이 그러했듯이 자신들도 하나님을 따르고 있노라고 예수님의 말씀에 도전했다. 이것이 애초에 아브라함이 이 대화에 등장하게 된 계기였다. 그들은 아브라함, 그리고 아브라함과 그들의 관계에 호소했다. 이를 통해 자신들은 해방이 필요한 자들이 아니라고 말한 것이다.

예수님 당시의 많은 사람이 자신은 유대인으로 태어났기 때문에 당연히 하나님 나라에 속했다고 믿었다는 사실을 기억하라. 그러나 아브라함의 모든 생물학적 후손이 하나님께서 아브라함에게 주셨던 약속을 받는 것은 아니었다.

오늘날의 교회에도 동일한 문제가 있다. 누군가가 이렇게 물을 것이다. "당신은 그리스도인인가요?" 그리고 누군가가 이렇게 답할 것이다. "물론이지요. 저는 그리스도인이에요. 저는 날 때부터 그리스도인이었어요. 그리스도인 집안에서 태어났고 교회도 다녀요."

하지만 날 때부터 그리스도인인 사람은 없다. 그 누구도 부모가 그리스도인이거나 특정 교회의 교인이기 때문에 자

동적으로 하나님 나라에 들어갈 수는 없다. 우리는 그리스도인이 되기 위해 반드시 그리스도 안에 거해야 한다. 예수님의 대적들은 이 지점에서 잘못한 것이었다.

죄의 종

개혁주의 신학에 관한 시리즈 프로그램에서 인터뷰를 한 적이 있다. 프로그램의 진행자가 내게 개혁주의와 역사적 반펠라기우스주의(semi-Pelagianism)* 간에 있었던 논쟁의 핵심이 무엇이냐고 물었다.

나는 이 문제가 자유와 의지에 대한 서로 다른 이해 때문이라고 말했다. 하나님의 주권과 선택에 대해 사람들이 가지는 원리적 문제는 사람의 자유의지에 대한 생각 때문에 발생한다.

우리는 의지를 가진 피조물이다. 하나님께서는 우리에게 지성과 감정을 주셨고 또한 의지도 주셨다. 우리는 항상 그

---

* 5세기 수도사였던 펠라기우스의 이단적 가르침보다 다소 약한 형태의 가르침이다. 사람은 조금도 소망을 가질 수 없을 정도로 타락하지는 않았기 때문에 자신의 자유의지를 가지고 하나님의 은혜에 반응하여 구원이 효력을 가지게 할 수 있다고 가르친다.

의지를 사용한다. 매일 매 순간 무언가를 선택하거나 결정한다. 우리는 우리가 원하는 것을 자유롭게 고를 수 있다. 그 누구도 머리에 총부리를 겨누듯이 우리를 강요하지 않는다. 우리는 로봇도 아니다. 로봇은 지성이나 의지나 감정이 없다. 우리는 인간이기에 스스로 선택을 한다. 그래서 하나님과 문제를 일으키는 것이다.

우리가 타락한 상태에서 내리는 선택은 경건한 선택이 아니다. 우리가 원하는 대로 내리는 결정은 우리에게 악할 뿐이라고 성경이 말해 준다. 우리는 죄와 허물로 죽었다. 비록 생물학적으로는 살아있을지라도 말이다. 우리는 이 세상을 살아가면서 공중 권세 잡은 자를 따라 살아가며 우리 육신의 욕망을 채우며 살아간다. 이는 성경이 명백하게 가르치는 바다.

성경은 우리가 의지적으로 선택한 것에 대해 스스로 책임을 져야 한다는 것과 그 선택이 우리를 궁극적으로 하나님의 심판 앞에 드러나게 할 것임을 분명히 한다. 동시에 성경은 우리가 종노릇하고 있다고 가르친다.

우리는 외부의 강요로부터 자유롭지만 죄악된 경향성, 입맛, 그리고 욕망에서는 자유롭지 못하다. 우리는 우리 안에 있는 죄악된 충동에 종노릇하고 있다. 성경은 이에 대해 반복적으로 가르친다. 인본주의적인 자유의지 교리는 사람의 의지가 중립적이라는 의미에서 외부의 강요로부터 자유롭다고 가르칠 뿐 아니라 그 의지에는 정해진 경향성이나 편견, 또는 죄로 향하는 의지의 구부러짐이 없다고 가르친다. 그들은 우리의 본성이 타락했다는 사실을 받아들이지 않기 때문이다.

그러나 성경은 우리는 타락한 피조물로서 결정을 내리며, 죄의 포로가 된 상태에서 선택할 수밖에 없다고 가르친다. 포로 된 상태에서 벗어날 수 있는 유일한 방법은 하나님께서 우리를 자유롭게 하시는 것이다. 이는 유대인 지도자들이 가장 듣기 싫었던 말이었다.

예수님은 이렇게 말씀하신다. "진실로 진실로 너희에게 이르노니 죄를 범하는 자마다 죄의 종이라. 종은 영원히 집에 거하지 못하되 아들은 영원히 거하나니"(요 8:34-35). 예수님은 다시 한 번 종에 관해 말씀하신다. 여기서 말씀하시는 것은 로마나 바벨론의 종이 아닐 수 있지만 죄의 종이기에 죄가 다스릴 것이라는 의미다. 즉 죄는 우리의 죽을 몸을 다스린다.

진노의 자녀

신약성경은 우리가 날 때부터 진노와 불순종의 자녀라고 말한다. 날 때부터 우리가 하나님의 자녀인 적은 없다. 하나님의 자녀가 될 수 있는 유일한 방법은 하나님의 양자가 되는 것이다. 하나님께는 오직 한 아들만 있으시기 때문이다.

그리스도는 **모노게네스**(monogenēs), 곧 독생자시다. 요한복음 8장에서 우리는 예수께서 자신들이 아브라함과 특별한 관계를 맺고 있기에 하나님과도 특별한 관계에 있다고 주장하던 그분의 대적들과 논쟁하시는 장면을 보게 된다. 예수님은 계속해서 이렇게 반박하신다.

나도 너희가 아브라함의 자손인 줄 아노라. 그러나 내 말이 너희 안에 있을 곳이 없으므로 나를 죽이려 하는도다. 나는 내 아버지에게서 본 것을 말하고 너희는 너희 아비에게서 들은 것을 행하느니라. 대답하여 이르되 우리 아버지는 아브라함이라 하니 예수께서 이르시되 너희가 아브라함의 자손이면 아브라함이 행한 일들을 할 것이거늘 지금 하나님께 들은 진리를 너희에게 말한 사람인 나를 죽이려 하는도다. 아브라함은 이렇게 하지 아니하였느니라. 너희는 너희 아비가 행한 일들을 하는도다. 대답하되 우리가 음란한 데서 나지 아니하였고 아버지는 한 분뿐이시니 곧 하나님이시로다. 예수께서 이르시되 하나님이 너희 아버지였으면 너희가 나를 사랑하였으리니 이는 내가 하나님께로부터 나와서 왔음이라. 나는 스스로 온 것이 아니요 아버지께서 나를 보내신 것이니라. 어찌하여 내 말을 깨닫지 못하느냐? 이는 내 말을 들을 줄 알지 못함이로다. 너희는 너희 아비 마귀에게서 났으니 너희 아비의 욕심대로 너희도 행하고자 하느니라. 그는 처음부터 살인한 자요 진리가 그 속에 없으므로 진리에 서지 못하고 거짓을 말할 때마다 제 것으로 말하나니 이는 그가 거짓말쟁이요 거짓의 아비가 되었음이라(요 8:37-44).

성경은 생물학적 고리가 아니라 순종을 통해 이루어지는 자녀 됨에 관하여 이야기한다.

우리는 우리가 순종하는 존재의 자녀다. 만약 당신이 사탄에게 순종한다면 당신은 사탄의 자녀다. 앞에서 말한 것처럼 우리는 우리가 순종하는 존재의 자녀이기 때문이다. 그래서 예수께서 이렇게 말씀하신 것이다. "하나님이 너희 아버지였으면 너희가 나를 사랑하였으리니 이는 내가 하나님께로부터 나와서 왔음이라. 나는 스스로 온 것이 아니요 아버지께서 나를 보내신 것이니라. 어찌하여 내 말을 깨닫지 못하느냐? 이는 내 말을 들을 줄 알지 못함이로다"(42-43절).

요한복음 뒷부분에서 예수님이 빌라도 앞에서 하신 말씀을 기억하라. "무릇 진리에 속한 자는 내 음성을 듣느니라"(요 18:37). 우리가 그리스도를 듣기 전에 하나님께서 먼저 들을 수 있도록 해 주시는 것이다.

나는 주일 오전 예배 때 성경을 봉독할 때마다 이렇게 말한다. "귀 있는 자는 들을 지어다." 이렇게 말하는 이유는 모든 사람에게 들을 귀가 있는 것이 아니란 것을 알기 때문이다. 죄악된 사람들의 귀를 막고 눈에 비늘을 씌우시는 것도 하나님께서 죄를 향해 내리시는 심판에 포함된다. "그러므로 내가 그들에게 비유로 말하는 것은 그들이 보아도 보지 못하며 들어도 듣지 못하며 깨닫지 못함이니라"(마 13:13).

하나님께서 그분의 은혜로 몸을 구푸려 듣지 못하게 하는 장애물들을 제거해 주시고 눈의 비늘을 없애 주셔야 비로소 우리가 듣고 보게 된다. 예수님은 하나님께서 듣게 하시지 않은 이들은 들을 수 없다는 이 사실을 언급하심으로써 이 진리를 승인하신 것이다. 또한 예수님은 이렇게 말씀하신다. "너희는 너희 아비 마귀에게서 났으니 너희 아비의 욕심대로 너희도 행하고자 하느니라"(요 8:44). 예수님은 그들의 자유의지에 대해 말씀하신다.

오늘날 사람들은 인간의 의지가 철저하게 중립적인 것이 아니라면(선이나 악, 어느 방향으로도 기울어지지 않았다는 것) 진정으로 자유로운 것이 아니라고 말한다. 만약 이것이 사실이라면 세상에 자유로운 사람은 없다. 우리의 의지는 열심히 우리가 열망하는 것을 향해 움직여 마귀의 뜻을 따라 행하려 한다.

마귀가 사람들에게 와서 자기에게 복종하라고 강요한다는 의미가 아니다. 우리는 마지막 날에 "마귀가 저를 이렇게 만들었습니다. 그가 나를 강요하여 죄를 지을 수밖에 없게 했습니다."라고 말할 수 없다. 단연코 아니다.

예수님은 이 문제가 더 깊은 곳에 자리한다고 말씀하신다. 우리는 마귀의 뜻을 행하기 **원한다**. 우리는 사탄의 전략에 적극적으로 동참하는 공범이다. 예수께서 바리새인들에게 말씀하셨다. "그는 처음부터 살인한 자요 진리가 그 속에 없으므로 진리에 서지 못하고 거짓을 말할 때마다 제 것으로 말하나니 이는 그가 거짓말쟁이요 거짓의 아비가 되었음이라. 내가 진리를 말하므로 너희가 나를 믿지 아니하는도다"(44-45절).

예수님은 바리새인들에게 그들이 참으로 죄의 종이라는 것과 그들의 의지로 사탄이 원하는 바를 행한다는 사실을 말씀하신 후 이렇게 반문하셨다. "너희 중에 누가 나를 죄로 책잡겠느냐?"(46절)

나라면 이렇게 말할 수 없었을 것이다. 나는 다른 사람에게 결코 내 삶의 어떤 죄를 지적할 수 있겠느냐고 도전하지 않을 것이다.

그러나 예수님은 하셨다. "내가 진리를 말하는데도 어찌하여 나를 믿지 아니하느냐? 하나님께 속한 자는 하나님의 말씀을 들나니 너희가 듣지 아니함은 하나님께 속하지 아니하였음이로다"(46-47절).

예수님은 바리새인들이 귀가 먹었기 때문에 듣지 못하는 것이라고 말씀하지 않으셨다. 그들이 멍청해서라고도 하지 않으셨다. 그들이 듣지 못하는 이유는 그들이 하나님에게서 나지 않았기 때문이라고 하셨다. 그러자 유대인들이 다음과 같이 대답했다.

8. 아브라함 전에 내가 있었느니라

유대인들이 대답하여 이르되 우리가 너를 사마리아 사람이라, 또는 귀신이 들렸다 하는 말이 옳지 아니하냐? 예수께서 대답하시되 나는 귀신 들린 것이 아니라 오직 내 아버지를 공경함이거늘 너희가 나를 무시하는도다. 나는 내 영광을 구하지 아니하나 구하고 판단하시는 이가 계시니라. 진실로 진실로 너희에게 이르노니 사람이 내 말을 지키면 영원히 죽음을 보지 아니하리라. 유대인들이 이르되 지금 네가 귀신 들린 줄을 아노라. 아브라함과 선지자들도 죽었거늘 네 말은 사람이 내 말을 지키면 영원히 죽음을 맛보지 아니하리라 하니 너는 이미 죽은 우리 조상 아브라함보다 크냐? 또 선지자들도 죽었거늘 너는 너를 누구라 하느냐?(요 8:48-53)

이 대화는 요한복음 4장에서 예수님이 우물가에서 만난 사마리아 여인과 나누셨던 대화를 상기시킨다. 여인은 예수님께 이렇게 말했다. "당신이 야곱보다 더 크니이까?"(요 4;12). 유대인들은 진지하게 질문하기는커녕 오히려 예수님께 도전했다. 그러자 예수께서 대답하셨다.

예수께서 대답하시되 내가 내게 영광을 돌리면 내 영광이 아무엇도 아니거니와 내게 영광을 돌리시는 이는 내 아버지시니 곧 너희가 너희 하나님이라 칭하는 그이시라. 너희는 그를 알지 못하되 나는 아노니 만일 내가 알지 못한다 하면 나도 너희같이 거짓말쟁이가 되리라. 나는 그를 알고 또 그의 말씀을 지키노라. 너희 조상 아브라함은 나의 때 볼 것을 즐거워하다가 보고 기뻐하였느니라. 유대인들이 이르되 네가 아직 오십 세도 못 되었는데 아브라함을 보았느냐?(요 8:54-57).

예수께서 어떻게 답하셨는지에 주목하라. "진실로 진실로 너희에게 이르노니 아브라함이 나기 전부터 내가 있느니라"(58절). 예수께서는 "아브라함이 있기 전에 나도 있었다"고 하지 않으셨다. 예수님은 하나님께서 그분 자신을 칭할 때 사용하시는 표현을 사용하셨다.

이 일이 있기 수천 년 전에 아버지 하나님은 아브라함에게 약속을 주시며 그의 씨에서 세상을 구속할 자가 날 것이라고 하셨다. 우리는 아브라함이 하나님의 약속을 얼마나 이해했는지 알 길이 없다. 그러나 아브라함은 그것을 믿었고, 그것으로 의롭다 하심을 얻었다.

이 구절에서 예수님은 바리새인들에게 하나님께서 아브

라함에게(그들이 자기 아버지라고 주장하는 아브라함) 말씀하셨을 때 예수님에 대하여 말씀하셨다고 설명하시는 것이다. 이것이 아브라함이 기뻐했던 이유다. 예수께서 말씀하시는 것은 곧 바리새인들이 아브라함의 자녀라면 예수님을 반대할 수 없다는 것이었다.

하나님께서 아브라함에게 주셨던 그 첫 계시는 아브라함보다 먼저 계셨던, 온 피조세계보다 먼저 계셨던, 영원한 **말씀**이신 아버지의 독생자의 성육신으로 성취될 약속이었다. 이 대화를 통해 우리는 요한이 자신의 복음서 첫 장에서 소개한 **말씀**에 대한 또 다른 설명을 보게 된다. "태초에 말씀이 계시니라. 이 말씀이 하나님과 함께 계셨으니 이 말씀은 곧 하나님이시니라"(요 1:1).

예수님은 전존재적인(pre-existent) 영원한 하나님이시다. 이것이 예수께서 바리새인들에게 말씀하신 바다. "아브라함이 나기 전부터 내가 있느니라(에고 에이미)"(요 8:58).

바리새인들은 예수께서 하신 이 말씀의 의미를 놓치지 않았다. 이는 가장 순결하며 때 묻지 않은 신적 선언 중 하나로, 예수님께서 지상 사역 중에 주장하신 것이다. 그들이 예수님께서 하신 이 말씀의 의미를 놓치지 않았다는 것은 예수님을 죽이고자 했다는 데서 알 수 있다. "그들이 돌을 들어 치려 하거늘 예수께서 숨어 성전에서 나가시니라"(59절). 그 순간 그들은 예수님의 목숨을 원했다. 예수께서 자신을 하나님으로 칭하시는 말을 들었기 때문이다.

영원한 하나님이신 예수님께서 이 땅에 생명의 떡으로 오셨다. 그분은 세상의 빛으로 오셨다. 양의 문으로 오셨다. 선한 목자로 오셨다. 부활이요 생명으로 오셨다. 길과 진리, 그리고 생명으로 오셨다. 그리고 참포도나무로 오셨다. 그분은 바로 아브라함 전부터 있으셨던, 스스로 있는 분이시다.

사명선언문

너희가 흠이 없고 순전하여……세상에서 그들 가운데 빛들로
나타내며 생명의 말씀을 밝혀 _ 빌 2:15-16

1. 생명을 담겠습니다
만드는 책에 주님 주신 생명을 담겠습니다.
그 책으로 복음을 선포하겠습니다.

2. 말씀을 밝히겠습니다
생명의 근본은 말씀입니다.
말씀을 밝혀 성도와 교회의 성장을 돕겠습니다.

3. 빛이 되겠습니다
시대와 영혼의 어두움을 밝혀 주님 앞으로 이끄는
빛이 되는 책을 만들겠습니다.

4. 순전히 행하겠습니다
책을 만들고 전하는 일과 경영하는 일에 부끄러움이 없는
정직함으로 행하겠습니다.

5. 끝까지 전파하겠습니다
모든 사람에게, 땅 끝까지, 주님 오시는 그날까지
복음을 전하는 사명을 다하겠습니다.

서점 안내

광화문점	서울시 종로구 새문안로 69 구세군회관 1층 02)737-2288 / 02)737-4623(F)
강남점	서울시 서초구 신반포로 177 반포쇼핑타운 3동 2층 02)595-1211 / 02)595-3549(F)
구로점	서울시 동작구 시흥대로 602, 3층 302호 02)858-8744 / 02)838-0653(F)
노원점	서울시 노원구 동일로 1366 삼봉빌딩 지하 1층 02)938-7979 / 02)3391-6169(F)
일산점	경기도 고양시 일산서구 중앙로 1391 레이크타운 지하 1층 031)916-8787 / 031)916-8788(F)
의정부점	경기도 의정부시 청사로47번길 12 성산타워 3층 031)845-0600 / 031)852-6930(F)
인터넷서점	www.lifebook.co.kr